TO MIKE

我最好的朋友

父母对了，孩子才能相亲相爱

汪培珽 著

ZHEJIANG UNIVERSITY PRESS
浙江大学出版社

用最简单的方法解决争宠

汪培珽

争宠，在我们家不是问题。是我的孩子天生不争宠吗？

有太多的父母摆明了偏心，甚至有父母痛哭流涕地忏悔，说自己之前对老大多坏、多伤老大的心，但却没发现那个偏心一直都是"进行式"，根本没有停止过。

手足争宠，或许有人觉得没什么大不了，长大就好了。但是我想提醒你，父母不当回事，事情就可能像滚雪球一样愈滚愈大，直到失控。

生了老二后，我发现自己开始对老大发更多脾气、更没耐心。我觉得老大退步了，又觉得老大怎么不成熟点呢。但事后我又内疚。更甚者是老大开始欺负小的，逼得我得拿出棍子揍人才能"结案"。事后我又内疚，反复循环。妈妈早上赶上班，晚上赶煮饭，又遇上孩子吵，要抓狂了。怎么办？

这就是争宠的开始。不是在每一家的孩子身上都会发生。事情败坏的转折点在：你不能觉得老大退步，希望他成熟点。当父母有这样的想法时，只表示你把责任都推给了孩子（还好，还有内疚）。小孩在争宠问题上，没有一点责任，一点点都没有。当我从医院抱回弟弟时，我家姐姐不争宠。不争的最大原因不是她天生不争，而是她的父母不让她感到有什么好争的。

当父母的态度有待商榷时，接下来的问题就会愈来愈棘手，后来的欺负也就理所当然了。因为你觉得是孩子的责任，为了让孩子更负责任，只好祭出威吓。这摆明了恶性循环就要开始，但很多父母却看不到。原因无他，父母太忙碌了，只想便宜行事。

好了，争宠已经开始，怎么办？想都没想，我说，最简单解决争宠的方法——

1. 每天照三餐，外加晚上睡觉前和早上睡醒后，一天五次。紧紧拥抱（超过六十秒）和大力亲吻老大。

2. 一边抱一边亲，还要一边说："我好爱你。像你这么可爱的孩子要去哪里找！"

3. 连续做十五天不间断。

4. 不要跟孩子说你正在进行这种'管教'。要装作不知道，很自然地这么做。

5. 如果你对老大有"没救了"的感觉，或是你对老大"失望极了"。那么请一开始就自动把目标改成三十天。

如果你说太忙做不到，就不能再抱怨孩子了。不花什么时间和力气的事，都做不了，又怎能期待小小的孩子什么都要如你所愿。这就像很多人嫌自己的肚子肥肉太多，网络上很多简单的招数，每天做十分钟就好，多少人做得到？只要你有每天十分钟的毅力，就天下无难事了。

这是又一封来信，看了好不忍。我还有另外一个建议：有机会看一下《孩子知道你爱他吗》这本书，它是爱孩子的父母，一定要看的一本书。

汪老师您好：我刚生下第二个宝宝，还在坐月子中。本想生第二个孩子是一种幸福，但这样的幸福却变成了一种焦虑，我甚至想哭。自从从医院将宝宝带回家中后，我就发现老大（两岁四个月）变得很不快乐——脸上没有笑容，只要听到有人提到"弟弟"两个字，脸上就变得没有表情，闷闷的，也不会有任何响应。

我也发现，老大似乎不愿意接受弟弟在家中的事实，行为也变得有些不同以往，例如，他以前会把垃圾丢到垃圾桶内，而现在却是把垃圾乱丢。生弟弟之前，老大的表现一直很不错，但现在却常常哭闹不休。可能是我必须抱弟弟喂母奶，所以老大看到我会抱着小宝宝，心里很不平衡吧。虽然事后我和家人还是会抱抱他，但总觉得他一直很不快乐。最近老大甚至不主动找我了。我不知道该如何做？好想让老大知道：大家和妈咪还是一直很爱他。

争宠问题百百款，再来一个。

我家老大三岁半，自从生了老二后，他开始喜欢装娃娃。装娃娃哭、装娃娃叫、装娃娃要抱抱。已经是哥哥了，为什么没成熟独立些，反而行为倒退呢？

三岁半的老大，本来就是娃娃，他不是装娃娃，是大人太高估孩子了。只要孩子不是做错事，要抱抱，如果你又有力气，为什么不抱？

我家姐姐弟弟被从小抱到大，他们一点也没有不独立，一点点也没有。这几天姐弟俩在期末考，姐姐却花了三小时准备晚餐当母亲节礼物送我。之后读书到晚上十点，半夜三点我又听到她起床读书的声音。我躺在床上心里佩服得不得了，"这么独立的孩子要去哪里找啊！"

有时候孩子也不知道，装娃娃可能是觉得你们比较喜欢小的，所以你反而要主动给他更多抱抱。他离长大还很远，根本还没到要独立的时候，父母却常常受传统观念钳制。太早担心，也算揠苗助长的一种。小时候受尽呵护的孩子，只要不是被溺爱，该独立的时候，他们会比谁都独立的。请放心。

争宠问题百百款，问题不在孩子身上，每天拿出十分钟的毅力来给孩子亲亲抱抱说好听的话。说不定，不出三天，孩子就好了。原因无他，只因为父母愿意改变。

补记

霸凌只会发生在学校吗？家，是霸凌的另一个现场。

大人老是偏袒一方、大人老是喜欢一方、大人老是嫌弃一方、大人老是赞美一方、大人老是批评一方……甚至大人看一方的眼神都不一样。你可以说这些霸凌孩子的大人，都不是故意的。但"不是故意的"这个理由，不会让霸凌自己的孩子这件事消失。希望孩子得到公平的对待吗？这件事别人帮不了你，除非你自己愿意改变。

目 录
CONTENTS

Part 3   我家问题在这里

很多手足渐行渐远，除了个性不相投，可能小时候就处不来，大了更难有机会再培养感情。

当我们抱怨孩子不友爱时，有没有想过，错误的源头可能是自己？

通常都是。只是多数人没注意到这个事实。

大的不必让小的，小的不必听大的。

礼让和尊重，要发自内心，不是教条能左右的。

手足的地位愈平等，愈可能和睦。

PART 1

如何兄弟
不阋墙

不阋墙者，非兄弟

不动气，父母唯一的目标。

我常常怀疑一件事：从古至今，有没有哪个家庭的孩子，是天生相亲相爱的？不用父母怎么教，就大的礼让小的，小的尊敬大的，和乐融融直到永远。

我可能在做梦。古代，或许有，反正孩子生得多，"打到你死"，父母不会管，也无力管。现代，我猜没有。

由于现代环境不同，家庭小，孩子少，个个都是宝。而且，现在孩子的"人权"意识高涨。有回女儿跟我说她的球鞋太小，我只说周末就去买，她就说要打113。我还傻乎乎地问她那是什么号码，原来是家暴专线。在这之前，妈妈完全不知道社会原来进步得这么快。

现在孩子一出生就被捧在掌心上，是全家人注意和呵护的焦点。在这样的环境里长大的孩子，要他们在小小年纪就面对"分享"这一课，一定更难。再加上父母如果用现代的方式宠小孩，却用古代的观念教小孩，往后兄弟阋墙的戏码就有得瞧了。

听过"孔融让梨"的故事吧？我们家的弟弟就非常喜欢让姐姐。但是，除了我们故事里看到的情节——尤其是这种忠孝节义结局圆满的故事，其余那百分之九十九的时间呢？

没有人会提醒你：白雪公主和白马王子结婚之后会怎样。当半夜三更娃娃大哭时，白马王子和白雪公主说不定会在床上踢来踢去，看谁要起床去换尿布。所以，孔融在让完梨之后呢，嘿嘿嘿，可能是马上拿根木棍敲哥哥的头，"为什么我让你梨，你却不让我苹果？"

不论谁告诉你他们家的手足有多么相亲，也不论你亲眼看到别人的孩子为什么总是如此相爱，我一定得提醒你——

千万不要为了孩子的吵闹相争而沮丧。为什么别人家的孩子总是如此相亲相爱？记住，你看到的不是全部，你也看不到全部。父母必须视兄弟姐妹之间的吵架为常态，打打闹闹也是生活情趣。千万别往牛角尖里钻："我是不是育儿无方？他们是不是八字不合？我怀孕时是不是心情不好？……"

停——停，这些想法于事无补。当做父母的一心认定手足无法做到彼此友爱时，那么事情一定就会得偿所望，再也难回头；如果你认为这只是过渡现象，它就真的只会是过渡现象，过了就好。

🐜

弟弟最近迷上《魔戒》，妈妈终于买了DVD回家，孩子看得如痴如醉。没隔几天，姐姐看见被弃置客厅一角的电影外包装纸盒，先开口说她要，弟弟一听到，没说他也要，却说："那是大家的，姐姐不能拿走。"姐姐因此气得不得了。

"姐姐，你要纸盒做什么？"妈妈问。

"我要剪它上面的图案做东西。"

"把它剪坏呀？"妈妈也觉得好可惜，"不然你拿正面，弟弟拿反面"。

"我两面都要用。DVD的塑料盒上也有相同的图案啊。而且，每次我说要什么，弟弟也要，平常就丢在一旁，他根本不理……"这也有道理，纸盒可以说是多出来的。妈妈也觉得，如果我把它当垃圾丢了，弟弟根本不会想起这个东西。

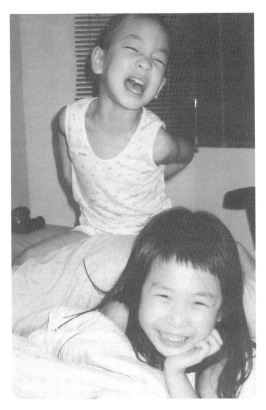

弟弟，怎么了？

我把姐姐当马骑，这马发疯，脚往后乱踢，踢到我的背了啦！

此时妈妈在心里盘算着，我能对姐姐说"下次趁弟弟不注意，就直接剪"吗？好像也不行。难道家里只要没被人注意的东西，就可以随意据为己有，不需要问一声吗？弟弟想要维持东西的完整性，似乎也没错。怎么办呢？（才只是一个纸盒呢，就开始阋墙了，要是有千万家产还得了。）

不动气——是父母唯一的目标，当孩子开始不相亲相爱时。

很难，我知道。我也只能做到一半。

但是，当状况真的来临时，我能做到百分之五十的"不动气"，或是只动"百分之五十的气"——

我就觉得，我是神。

君子动口不动手

没有别人的允许，不能碰触他人的身体，
这是最基本的尊重，大人小孩都要遵守。

"君子动口不动手"，这是我和姐姐弟弟定下的第一个规矩。

当孩子很小的时候——多小？我记不清楚了。反正就是小到连这句话是什么意思，我都要解释好半天的时候，我就和他们定下了这个"家规"。

可能是姐弟俩第一次动手抢东西吧；可能是姐姐四岁、弟弟一岁半时；可能只是抢玩具之类的小事吧，还不是真正动手打架哦。我马上知道，如果这时候妈妈不马上立下规矩，以后就有得瞧了。为了自己将来的幸福着想，不当机立断是不行的。

为什么"君子动口不动手"？我是这样告诉姐姐的：

有两个人在路上吵架，甲错，乙对，争执不下。但是乙一时情急，动手打甲，甲也不甘示弱，双方打了起来。

哦喔，糟糕，有人打架了，于是警察来了。（请注意，这里的警察只是故事里的必要角色之一，没有要用警察来吓孩子的用意。）

请问：谁会先被抓走？

小小孩，这时心里通常想的是甲错乙对，这种简单明了、是非分明的问题。可是我话锋一转，斩钉截铁地告诉他们，警察会问：

"谁先动的手？"谁先动手就先抓谁。

（聪明的父母，我知道你们的智商比小孩高，但请别在这时候问我：那如果是甲抢乙的皮包呢？抱歉，我不是法官，孩子也不会问得那么仔细。）

孩子可能会觉得疑惑不明白，为什么警察不是把做错事的人抓走呢？我就再补充说明：

如果有两个人在路上吵架，不管他们吵得有多大声，多凶狠，只要他们没有身体接触，也就是没有人被攻击或侵犯的话，警察就不会管。即使涉及名誉的攻讦或毁谤——那是民法，属于告诉乃论——警察也还是不会管。

可是，如果——如果有人敢出手打人，那个先出手的人，即使原本是对的，是有理的一方，这时也马上变成不对的，站不住脚的一方了。

我对孩子讲道理时，是以大方向为原则，不拘小节的。我不会先去翻书，总是遇上了状况，再随机应变。小孩子也不需要太多细节的解释，只要给予简单清楚的规矩，他们就会懂。

但是，"懂"和"做不做得到"，是两回事。

哎，孩子不就是生来考验父母的耐心的吗？

距离我上次说完"君子动口不动手"，八年有了吧。姐弟俩，吵得再凶再恶再狠再毒——不动手就是不动手。

一根汗毛也没动过。

如果是在学校，有人打你踢你呢？我是这么跟孩子说的：马上去报告老师，请老师处理。除非是逃不开，必须自卫才还手。

看到两个扭打在一起的孩子，你觉得大人会怎么处理？通常有理的一方，道理也只剩一半了。如果能忍着不还手，胜算才比较大。

通常爸爸们听我这么说，尤其如果面对的又是儿子，一定会说："打回去。这才像个男子汉。"打架，真的能解决问题吗？为什么校园里会打架的总是少数人？你希望自己的孩子是那少数人中的一个吗？

怕孩子被欺负吗？真正的决胜点是孩子的心理状态。不用会打架，只要孩子的脸上自信地写着："谁敢惹我！"对小孩子来说，这就够了。

补记

"君子动口不动手"，不是只有孩子需要遵守，父母呢？

孩子生气的时候，可不可以打人？

所以啰，为什么父母生气的时候，却可以打孩子呢？不要孩子做的事，父母也得遵守。希望孩子心服口服，父母就要以身作则。

满脸的豆花

手足争吵，父母不必忧心忡忡。
父母的处理态度，才是事情的关键。

妈妈规矩定得清楚——不可以动手。

可是，妈妈没说，不可以吵架哦。

有一回，两人都还是小学低年级阶段吧，姐弟俩为了比鸡毛蒜皮还小的事吵了起来，从房间一路吵到我的面前，当时我正在餐桌上吃豆花。

姐弟俩边吵边在我的前方坐下，姐姐说"你有"，弟弟说"我没有"，就这样"你有我没有"简单的五个字，两人一来一往不下十次。而且，姐姐还气得边说一次"你有"，边搭配拍一下桌子，而且愈拍愈用力，只差没有溅得我满脸豆花。

从头到尾，除了那五个字，我没有听到任何要我仲裁的话。

弟弟，正经一点。

姐姐在做功课，你好吵哦！

最后姐姐进房间大哭，弟弟随后也进他自己的房间呜咽。

从头到尾，我就好像庙里的木头雕像，一语不发，只负责收香火钱，而答案自在人心。他们走后，我又继续吃那刚刚没泼出来的豆花。

"孩子吵架，你不管哪？"

孩子既然遵守妈妈"不动手"的原则，又没要妈妈仲裁，我为什么要管？这是妈妈生存之道的必修课程之一。

而且，孩子可不可以吵架？孩子可不可以生气？

既然是活生生的人，就有生气的权利，有争执有生气就可能会吵架，这是再正常不过的事。

可是父母往往看不得孩子生气，不是压抑就是忽视。

大人经过社会化的结果，会对生气的事隐忍，而孩子是最天真的动物。我认为手足之间的吵架争执，与长大之后的感情好不好，并没有绝对的关系，父母不必"未雨绸缪"地忧心忡忡。倒是父母处理手足相争的态度，才是事情的关键。

大人吵架伤感情，孩子不会。因为他们是小孩，不是大人。

不晓得父母们有没有发现一件事——手足之间吵架，有时候，他们争的不是气头上的那个东西或那件事。他们争的是：父母站在谁这边。

甚至，连孩子都不知道，自己在争一个看不见也摸不着的东西。做父母的责任，就是要对孩子这方面的心理需求有所警惕——哪一边也别站。不管长幼、男女、颜面，只管事情的对错。

不然，就是做了"兄弟阋墙"的帮手而不自知。

不是只有手足会吵架，有一次，全家在小区内玩躲避球（包括祖父母和邻居小孩一大群人），我因故与弟弟吵了起来——所谓吵架，就是各执一词，都认为自己是对的。孩子死咬着一件事说我不尊重他，害他哭了；我说我不是故意的，而且是出于关心他。当着一群人的面，我们俩边争论边走远，但为自己辩护的音量是压不低的。

十五分钟之后，大家都看着我们要如何收尾，但妈妈心里只有一个声音：别拿父母的权威来压孩子。这时妈妈只要大吼一声，这么小的孩子自然就不敢再说下去。但是我痛恨这样的收尾方式，我宁愿放低身段，与他平起平坐地争论，即使当场没人胜出。

父母的尊重，才是孩子事后能发自内心自我反省的源头。当场孩子有没有"口服"不重要，事后有没有"心服"才是我该关心的事。

第二天睡前，他主动跟我说："昨天的事，我错的比较多。"什么？此话就是妈妈也有错啰，我哪有？

其实我一点也不在意。这个年纪的孩子，能主动说出这样的话，妈妈已经打心眼里佩服你了。

父母最不可以做的一件事

别拿兄弟姐妹当说辞批评孩子。
在挑拨下长大的孩子，感情会好，只能靠老天帮忙。

这件事，现代父母，没人不懂；简单明了，无须解释。只要是有同理心的人，都不会这么做。可是，有多少父母明白，不做这件事对手足感情的重要性呢？

我不做。我打死不做。盛怒之下不做，气急败坏不做，无可奈何不做，无计可施也不做。反正我知道，我不能做。

孩子已经超过十岁了，我一次也没做过。

"不要再包尿布了，你看姐姐都自己上厕所。"三岁时……

"不要这么爱哭，你看妹妹都好勇敢。"五岁时……

"不要这么胆小，你看弟弟都自己睡觉。"七岁时……

"你的字怎么像鬼画符，你哥哥参加书法比赛得奖耶！"八岁时……

"你为什么不好好读书？看姐姐成绩多好！"十岁时……

"你怎么光看电视不运动？你弟弟是篮球校队的呢！"十二岁时……

还需要我继续说下去吗？这些其实都只是基本句型，每句后面如果再加上"羞羞脸""爱哭鬼""长不大""真丢脸""没出息"……是不是听来也很耳熟呢？

最近才听到一位事业有成但未婚的好友说，她的妈妈竟然跟她说："女孩子事业做得再好有什么用，还不如学姐姐生三个孩子。"我听了除了无言以对，还能说什么呢？

这些拿手足做比较的说辞，我们可能从小听到大，虽然厌恶却又无可奈何。

但更可怕的是——自己又摆脱不了宿命的纠缠，不自觉地再从嘴巴里冒出这样的话，一代一代传下去……

我常常有这样的想法：父母教育孩子的方式，是会遗传的。今天会用这种方式对待孩子，回头想想，自己是不是也曾经被同样的方式对待过呢？

但是，这不是做父母可以拿来搪塞的借口。

摆脱不良宿命循环的最有效方式，就是要很有自觉地"对抗自己"。明知是不好的教育方式，就不要以"我也是这样长大的"，当成因循苟且的借口。

如果你说："用手足做榜样，有何不可？"

可是我说："榜样，必须发自内心的向往。父母想拿手足来激励孩子，这些话透露出来的意味根本无关乎榜样，而是父母当下的批评、贬低、毁损，甚至只是出气。"

如果只是单纯的批评，应该对事不对人。如果我们只保留这种句型的前半段，将后面比较性的字眼拿掉，虽然我也不是很赞成，但至少破坏手足感情的杀伤力就不见了。这种拿手足当比较的批评，是造成手足不和睦的潜在凶手。

说到这里，如果你还是无法体会不要这样对孩子说话的重要性，可以试试将心比心：

"爸爸，你每个月赚多少钱，你看王小明的爸爸都开奔驰车。"

弟弟，吃完了就是吃完了，这不是阿拉丁神灯，再看也变不出山葡萄十米的。

"妈妈，学校营养午餐真好吃，比你做的便当好吃多了。"

"先生，早点下班回家，张忠谋不用上班也赚得比你多。"

"太太，少吃一点，你看隔壁太太的身材多妖娆。"

其实，如果将其后比较性的字眼拿掉，就是再正常不过的对话，也并无不妥。然而一旦加入了比较，对事情不但没有帮助，还会有反效果。

我们家姐姐水性极好，五岁就可以往三米深的泳池跳，再自己游回岸边；弟弟，快七岁了，连洗澡水冲到头上都要哇哇叫。弟弟从小自己睡一个房间，不哭不闹，灯关得全黑也不吭一声；姐姐八岁了，只差没开探照灯睡觉，却还常常半夜鬼哭狼嚎地喊妈妈。

这时我情急之下，什么不该说的话都可能说。但脱口而出的绝不会是"你看姐姐如何如何""你看弟弟如何如何"。

孩子是多么清楚明白的啊！姐姐如何，弟弟会不知道吗？弟弟如何，姐姐会不清楚吗？还需要父母来多嘴？说了也是白说的话，为什么父母不能忍住不说呢？甚至，手足之间原本就存在的模仿和榜样，反而就被父母这么一说给搞砸了。

别只怪手足感情不睦。在挑拨下长大的孩子，感情要好，只能靠老天帮忙。

看看自己生活周遭的例子就该明了，多少弟弟在哥哥成就的阴影下挣扎，多少孩子在父母的偏爱下黯然。父母"恨铁不成钢"的心态反映在言语上，不仅可能伤了手足感情，更可能伤了孩子的心。

勇敢、不哭、字写整齐、好好读书、多运动……父母要表达的东西，愈单纯愈好，不要把别人扯进来。哪个孩子不想赢得父母的心呢？别拿兄弟姐妹当说辞来批评孩子，就是让"兄弟不阋墙"的第一个基本功。

帮孩子做公关

"妈妈生个弟弟，以后就有人陪你玩了。"
怀老二时，这种空头支票别乱开。

公关？别以为我养孩子像经营公司一样认真。我所做的，只不过是父母的举手之劳。

从怀了第二个孩子开始，我就开始念一些有关迎接小婴儿的故事书给老大听。刻意买很多吗？念完故事再衍生一番精神谈话吗？我没有。这其实是心理战。你以为孩子会笨到不知道父母在想什么吗？什么叫愈描愈黑？

所以，即使是念些与小婴儿有关的故事书，我也是云淡风轻。我只管念我的故事书，什么也不说，什么也不刻意强调。如果孩子有问题我就回答，没问题我就算尽到责任。其余的，全交给老天爷，我不会"有的没的"想一大堆。

现在的妈妈都知道，怀第二个孩子时，就要先对老大做心理建设。"妈妈生个弟弟，以后就有人陪你玩了。"这种空头支票别乱开。孩子哪能预先想到"等婴儿长大要很久"呢，而且可能还没享受到一起玩的乐趣，就得先开始让出自己的玩具了，这还不包括无形的"妈妈的爱、爸爸的爱"。不是说期望愈大，失望也愈大吗？这些未来的事，还是不说为妙，让孩子自己去发掘那份惊喜吧。说不定，根本不是惊喜，而是惊吓呢。

这是我从书上看来的，觉得有道理就照做了——在第二个孩子要从医院抱回家的那一天，事先买个老大喜欢的小礼物。当阵痛开始，准备往医院冲时，它老早就放在要带去医院的包包里了。

当全家人喜滋滋地迎接新生儿回家时，我就偷偷把老大叫到一边，故作神秘，而且煞有其事地从医院带回来的包包里拿出它："这是小弟弟要送给大姐姐的礼物，快看看是什么。"只见她喜滋滋地、认真地去跟小婴儿说谢谢，亲亲他的额头。

当弟弟还小，只会睡在娃娃床里咿咿呀呀叫时，每次姐姐从幼儿园放学回家，我都会对她说："今天弟弟在家里好想念你哦。"或是留着什么好吃的给姐姐时，我会说："弟弟说要买薯条给姐姐吃。"

老大难道不知道，刚生下来的小孩不会买礼物，小婴儿也

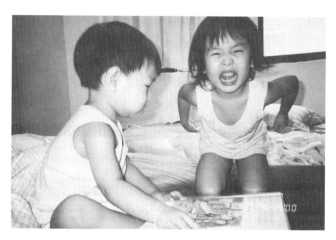

妈——妈——，我要念故事给弟弟听，他就一直乱翻哪！
刚才还想吃书。小孩都那么让人生气吗？

不知道薯条是什么吗？真有这么好骗？

真的，孩子真的很好骗，尤其是这种善意的谎言，通常孩子不会多想。可能妈妈自己说完后，都一副"骗死人不偿命"的心虚模样。可是你去看看孩子的脸，就知道什么叫天真。他们就是打心眼里相信，毫不怀疑。

说真的，我哪里会知道这些小小的举动，对手足感情有多大的助力，但我有一种直觉：当姐姐亲弟弟的那一刹那，她心里很在意那个礼物吗？我一点也不觉得。对老大来说，眼前这个活生生的小东西，才是天底下最珍贵的礼物。

如果我现在要生第三个孩子，这个"小婴儿买礼物"的动作我还是会做。即使小学中高年级的姐姐和哥哥早知道小婴儿不会买礼物又怎样，我甚至可以想象他们接到礼物时的表情。只要让孩子体会到爱，就够了。

现在，姐姐快十二岁了，但平均每隔两年，我就有机会听到她跟我说起这个老掉牙的故事，但是她乐此不疲：

"妈妈，我还记得，弟弟从医院回来的那一天，你们在房间，我从外面好小声地走进去。弟弟好小，你抱着他喝你的奶，我也有喝过你的奶吗？弟弟吸奶的样子好可爱哦……"

姐姐说话的神情，仿佛小婴儿就在她的面前。但我的心里，却全是姐姐当时小小的模样。不到三岁的她，伸长了脖子，好奇地看着这个"未来十年的最好玩伴"。如果时光可以倒回——

　　那一刻，我一定要记得将她抱进怀里，温柔地、一个字一个字对她说：

　　"妈妈爱你，永远不改变。"

妈妈只是一根线

弟弟喜欢姐姐，只是弟弟太小，不知道用言语表达。
姐姐也只是孩子，不知道弟弟表达的就是喜欢她、需要她。

有两个（或以上）孩子的父母都有这样的经验：小的总是毫无理由地崇拜大的，几乎可以说是到了"放的屁都是香的"的地步。

反过来说，手足之间，通常刚开始都是：大的嫌弃小的；而偏偏小的又喜欢死缠着大的。这时候如果处理不当，就会慢慢埋下日后手足不睦的种子。

老大选了Ａ故事书，老二就非Ａ不看；老大选了Ｂ玩具，老二就非Ｂ不玩。有回姐姐选了一本故事书看了起来，弟弟就挨在姐姐身边，好像姐姐一看完，他就马上准备接手。可是姐姐很不喜欢在她看书时，有人在旁边蹭来蹭去，或是被打扰，于是说："家里这么多书，干吗不去看别的？"

对呀，妈妈也在想，这么厚，一百多页，要等到天黑呀……

其实妈妈心里也很想打抱不平——弟弟总是早不看晚不看，姐姐一看他就要看。可是这话我能说吗？当然不能。这是他们的事，不是我的事，不容我火上加油。

"我又没有碰到你。"弟弟还在硬拗。

妈妈眼见大战即将爆发，自己也可能会被波及，趁着双方还未开火之际，赶快用一副无奈到了极点的语气，故意自言自语地在旁边大声喊："哎，弟弟最喜欢姐姐了，姐姐选的书——就是好看。哎，他就是喜欢看姐姐的书，没——办——法啊！"

结果令人意外，他俩竟异口同声说我太吵了，还一同派起妈妈的不是。无所谓，联合次要敌人打击主要敌人，只要给妈妈片刻宁静，怎么样都无所谓啦。

其实这也是心理战。

当你被别人喜欢、被别人需要时，原本厌烦的态度就会软化。虽不能说完全消失，但你的确能感觉到，那敌对的态度马上少了一半。

要让老大发自内心地接受老二，礼物不见得有用，念故事书也不见得有效，相信很多父母都试过，两个孩子还是每天打打闹闹不见改善。把忠孝节义的大道理照三餐搬出来说呢？更是只有反效果。哪个孩子会笨到不知道，父母喜欢看手足相亲相爱的画面。只是有时候，他们也不是马上就能做到的啊。

让老大觉得被需要——这才是手足相亲相爱的关键。

"被人需要"只是感觉。但是它无往不利、战无不胜。这道理甚至可以从手足衍生应用到整个人生——让太太觉得被先生需要、让老师觉得被学生需要、让员工觉得被老板需要……是维系双方感情的最好媒介。

有一次，我和姐弟俩结伴去小区内附设的泳池游泳。妈妈不喜欢只跟其中一个孩子单独去游泳，因为孩子会经常来缠着我，我就没办法好好游。妈妈喜欢自己边游泳边天南地北地胡思乱想、做做白日梦。

所以，这次妈妈游得很高兴，没人来打扰，他俩又玩得不亦乐乎。后来，妈妈游好了先去洗澡，没三分钟，姐姐也跟来……

"怎么不跟弟弟玩呢？"

"我们吵架了。"

为什么吵嘴？其实不用问啦。还不是那些你打我一下，我又不让你打回去的鸡毛蒜皮的小事。可能两人吵得不相上下，姐姐于是使出不该使用的"威胁"撒手锏——我不游了。她知道弟弟不能没有姐姐，不然什么好玩的兴致都会马上消失。

我和姐姐洗好澡走出更衣室，弟弟还在水中自得其乐，妈妈走去池畔收拾东西，姐姐径自往外走。我以为她不高兴，想自己先回家。

说时迟那时快，弟弟马上从泳池起身，全身还湿漉漉地在滴水，而且他完全无视妈妈的存在，跟在姐姐的屁股后面就走。

妈妈又好气又好笑，你不是才跟姐姐吵架吗？怎么还这样死皮赖脸地跟着人家，很没骨气耶。我马上大声叫他回来，他还气呼呼地问我干什么叫他，"你不用穿拖鞋喔？全身还在滴水要走去哪里啦。"

结果，姐姐只是去喝水，又走了回来。做公关的机会来了……

"姐姐，跟你说一件弟弟很糗的事，不过不可以给他听到。"

我就把弟弟死皮赖脸的事跟姐姐说了一遍。只见姐姐笑了，

妈妈，你看，弟弟▽辛了。

不能等姐姐看完吗？

没办法等，我完全没办法等。

卡在沙发缝里，你也高兴呀？不怕爬不出来啊。

你不知道吗？这样看书很舒服，很有安全感。

而且那笑容里明明白白就是："哇，天底下怎么有这么喜欢姐姐的弟弟啊！真是可爱。"

当然，这么做，他们下一次还是会吵嘴。可是，妈妈相信，频率会愈来愈低，强度会愈来愈弱，但是感情会愈来愈好。

这就是我说的"被需要"。千万不要在这时候批评姐姐不爱护弟弟，她没有。吵架的时候，就是在气头上，谈"爱护"有什么意义，有人听得进去吗？

你家里是不是常常上演这类戏码？——说穿了，就是老二需要老大，老二喜欢老大，老二想要模仿老大。

"弟弟好喜欢跟姐姐一起看故事书啊！"

"弟弟好喜欢跟姐姐一起玩玩具哪！"

"弟弟好喜欢和姐姐手牵手哦！"

"弟弟好喜欢看姐姐画图哦！"

把握机会帮孩子做做公关，就像我说的，举手之劳而已。

我们家姐姐为什么这么爱弟弟？原因之一可能是，从他们可以互动的第一天开始，只要做妈妈的察觉到这样的情况出现，不管是多么细微的事情，我就会马上开口对着老大"阐述事实"。

我没有作假，我说的也是实话——弟弟喜欢姐姐。只是弟弟太小，不知道用言语表达。姐姐也只是孩子，不知道弟弟表现的就是喜欢她、需要她。

"被人需要"的魔力，鲜少有人抗拒得了。

妈妈只是单纯地将他们的心意，大声地说出来而已。

妈妈只是一根线，将孩子彼此的心意串在一起的一根线。

三姑六婆别进门

小小孩分不清真话和笑话。

不识相的话，拜托，就从我们开始不要再说了。

谁是三姑六婆？这些人无所不在，我不讨厌，只当是生活的调味料，不然生命中总是正经八百，多无趣。可是，如果在这个节骨眼上让我遇到，我一定六亲不认。

如果你还没生第二个孩子，而且准备将来要生的话，请一定要听好我以下说的话：当第二个孩子从医院抱回家时，当全家人都在为新生儿的到来而欢声雷动时，请问：老大在哪里？

当贺客一窝蜂上门，开始七嘴八舌："好可爱的小脚哦！""眼睛好大哟！""鼻子好像妈妈呢！"……对着新生儿评头论足时，请问：老大在哪里？

如果上帝有一台全自动的录像机，让大家都能倒回去看看，当时的老大在哪里？会不会心酸多于喜悦？

被挤在客厅的一个角落，默默地玩着自己的玩具（还不知道马上就不是他一个人的）；妈妈忙着向一批批客人"展示"新生儿，爸爸招呼着大家喝可乐吃饼干……当下如果老大可以离家出走，可能三天以后还没有人发现少了个孩子。

其实，事情到目前为止，还不至于太糟，老大还应付得过来，就是学习独立嘛。没什么大不了的。可是，如果这时——三姑六婆出现了，竟然开口对着老大说：

"哎呀！你看你，妈妈生了一个弟弟，她以后不要你了。"

什么叫晴天霹雳？这就是小孩子的晴天霹雳。

有这么不识相的大人吗？有——有——有，而且很多。可能是亲戚，可能是朋友……什么人都可能对着老大，从嘴里冒出这样的话，好像这是他们觉得自己最有幽默感的经典语录。

如果，有人敢对我的孩子说这些不识相的话，我一定在他说出第一个字的时候，就出言阻止，而且是六亲不认地阻止。如果来不及呢？"小乖，别听这些人胡说八道，他根本就不了解妈妈。妈妈爱你，永远都爱你，永远不改变。"顺便使个眼色给这位不识相的客人，"再说下去就把你丢出窗外。"

"你妈妈生了一个弟弟，以后就不喜欢你了。"小孩子听不懂真话与笑话的差别，你直直地这样说，他就直直地这样听。而且，这样的话语一说出口，是收不回来的，它将烙印在孩子的心里。

当你照顾新生儿而忽略他时，当你因为他的懵懂而管教他时，当你因为身心俱疲而把他当出气筒时，这些话就可能从孩子的心中浮现，揣测着、怀疑着："爸爸妈妈是不是再也不爱我了？""都是因为小婴儿的关系吗？"

而父母永远也弄不懂：原来老大无法爱护弟弟或妹妹的种子，早已种下。

更糟的情况是……

啊？还有更糟的？

对，不要怀疑。父母做的错事，永远比孩子还要多很多。

这些三姑六婆的玩笑话，可能会变成气话，而且就从孩子最爱的人——父母——口中，一字一句地吐出：

"你这么不乖，妈妈只喜欢弟弟，再也不喜欢你了。"

天啊！这样的话究竟糟糕到什么程度呢？

你拿孩子对你的爱，来威胁孩子。

你拿孩子的手足当武器，来打击孩子。

如果你嫌日子太无聊，就尽管说。我保证，孩子只会让你愈来愈头大，而你可能还傻乎乎地一直弄不懂：为什么孩子之间的感情这么不融洽。

三姑六婆别进门，更怕的是，那个别人就是自己啊！

补记

听说，在西方社会，细心一点的客人，会在上门恭喜新生儿回家的同时，特意买上另一份礼物送给老大，而且进门时会记得先跟老大打招呼，再不动声色地去看小婴儿。如果我还要生第三个孩子的话，来访的若是很熟的亲朋好友，我会直接在电话里就要求，礼物买老大老二的就好，小婴儿的可以免了。尤其送金送银的，还得拿去变卖换钱，好不麻烦啊。

老大不必让老二

只是一面倒地认为"大的让小的"天经地义，久而久之，
老大不会心甘情愿地让老二。

"你是哥哥，你要让弟弟啊。"

"你是姐姐，为什么让妹妹哭呢？"

每次听到类似的话，心里就觉得很不对劲。

事情只分对错，怎么会用年纪的大小来分呢？

可能是"孔融让梨"的故事太有名吧。父母可别搞错了，
那是小孩子让大孩子的故事呢，不是大让小。

"姐姐要让弟弟哦！"不管是劝解、威胁、利诱、压迫，用
任何语气说都一样。这样的话，从来不曾从我的嘴里吐出。从

前不会，以后也不会。因为，在我心里，一点也不认为——大的要让小的。

当手足起了争执时，父母通常想的可能是："小的还不懂事嘛。"

请问，多小叫作"还不懂事"？三个月，手足根本还不可能有交集。八个月呢？如果八个月的婴儿爬过去捣乱姐姐的玩具，当场也要"训斥"小婴儿一番——至少要对着他说："不可以，不可以捣乱姐姐。"这也是心理战，这样老大才会服气。因为，在孩子心中，规矩和道理是不分年龄的。

试想，当手足的一方还是不懂事的婴儿，是不会有争执出现的。当手足开始出现争执，不管事情有多么细微，可能是"一岁弟弟抢下三岁哥哥手中的玩具"，或是"两岁妹妹抓四岁姐姐的头发"……也不管小的一方有多小，"小的还不懂事，大的要让他"，都不是父母能拿来处理手足纷争的借口。

请我们想想自己，有多少时候，是不知道要如何解决手足之间的争执，或是不想花心思处理，于是——"大的要让小的"，就变成父母的万灵丹。

万灵丹真是好用，一句话就解决了全部的事情。但是，在教养孩子的路上，往往最有效的万灵丹都是毒药。等到察觉中毒太深了，连金庸都无法帮你找到解药。

从我们家姐姐和弟弟发生争执的第一天开始，如果需要妈妈仲裁，我只管对错，年纪大小从来就不是我的考虑方向。

说实在的，我实在想不起来任何一件弟弟抢姐姐的玩具，或抓她头发的小欺大"案例"。只记得有一回，听到姐姐大哭，我冲进房间一看，不知是谁随意用黏土做的长颈鹿的头，硬生生地被弟弟拔掉了。其实那并不是姐姐的东西，弟弟也没想到姐姐会这么伤心，但是"头不见了"，的确是会让小孩子难过的事。这个时候，弟弟可能小到连话都还不会说呢。可是，"他还小，不懂事"的话，不会从我嘴里说出来。我一面安慰姐姐，一面"训斥"弟弟："不是你的东西，要先问妈妈。"

还有一回，又是姐姐大哭，我又冲进房间（妈妈不需要特意做运动，每天冲来冲去就够了），只见姐姐摔倒在地，原来是姐姐要站上一个小凳子，结果弟弟也要，在姐姐正站上去的同一时间，弟弟伸手去拿凳子。"他还小，不懂事"的话，我还是不会说。我又是一面安慰姐姐，一面训斥弟弟："下次要小心，不要让别人跌倒。"

其实，孩子最在意的是：父母处理事情公不公平。如果只是一面倒地认为"大的让小的"天经地义，久而久之，老大就不会心甘情愿地让老二。"只要让我逮到机会，我一定要报仇。"这就是人性。

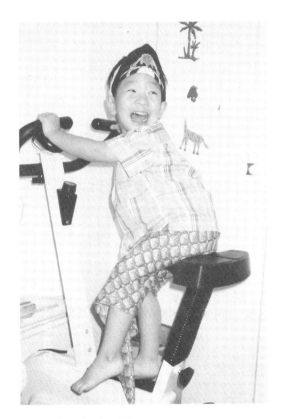

没有头的长颈鹿？在哪里？

常常见着手足同时看上一件玩具（请注意看看，通常都是小的先去跟大的抢），父母总是爱说这一句："先让妹妹玩一下，她比较小。""先让弟弟玩一下，他比较不懂事。"

这不只是不公平，而且三两下，小的孩子也马上学会一件事：这是欺负哥哥或姐姐的好招。于是，手足之争就没完没了了。

"玩具谁先拿到谁先玩，玩完了才轮到下一个人。"这么简单的道理，跟年纪大小有什么关系呢？规矩定得清楚明白，保证父母以后高枕无忧。（高枕无忧？不要相信我的鬼话。孩子离家之前，是不可能有这四个字出现的。离家之后？嗯，小心，可能还会有信用卡公司打电话来，请你帮他还卡债。）

小的不用听大的

强迫而来的友爱，是假象，只有暂时安慰父母的功能。

老大不必让老二，是我教养孩子的想法，讲的其实就是公平。但是这却意外衍生出另一个现象：我们家弟弟，常常不求回报、自动自发地礼让姐姐，简直就是"孔融让梨"的现代翻版。

弟弟好不容易存起来的零用钱，一高兴就一毛不留地送给姐姐。刚开始连我都觉得不可思议，到底家族里是谁有这么大方的遗传基因啊！

有一晚睡前，轮到妈妈陪弟弟（我只在床尾看我的书，不聊天，孩子一睡着我就走，他们也爱得不得了），结果姐姐在她的房间里磨磨蹭蹭不关灯。妈妈一气，过去就说："姐姐，你这星期让妈妈睡前陪伴的权利被取消了。"弟弟听到了，马上走过来对我说："那我今天的送给姐姐。"

啊！那是他最喜欢的事情耶，竟然拱手送人。而且这样"小让大"的戏码还一再发生。

可是再细想，感情是相对的，如果不是平时姐姐对弟弟好、陪他玩，弟弟又为什么会以姐姐的高兴为高兴呢？可能幸灾乐祸都来不及了。

下回如果又遇上"小的让大的"的时机，千万别在这个节骨眼对老大说："你看弟弟都让你，你也要让他。"

如果能换个角度说："你平时一定都很照顾他，他才想要对你好，你真是个好姐姐。"这是不是更正面的想法，是不是高了一个层次。

大的不必让小的，反过来说，小的也不必听大的。

哇，这是哪门子的理论哪！如果是两岁的弟弟要去碰热水，五岁的姐姐叫他不要呢？或是四岁的妹妹要冲出人行道，而六岁的哥哥拦阻她呢？

拜托！这么重要的安全问题，根本不是老大的责任，跟"小的是不是要听大的"一点关系也没有。所谓的"长兄如父"，是古代父母一生孩子就十个八个，自己照顾不来，而要大孩子分担照顾的"美其言"。现在的孩子都只差个两三岁、三四岁的，怎么"长兄如父"得起来呢？所以，"弟弟你要听姐姐的

姐姐说的话，不管是真是假，都好好听。

至少比妈妈的好听。

那天我们三人要坐地铁去淡水老街喝鱼丸汤。

事隔三年，"姐姐，你还记得你在跟弟弟说什么吗？"

日子消逝如流水，不可能有人记得这等小事，妈妈心想。

"哦，我正在跟弟弟讲解安全须知。"

"如果包包不小心掉到轨道上，怎么办？"

"如果是人不小心跌进轨道里，来不及跑要怎么躲……"

她说话的语气，仿佛是三天前的事。

话"，在我们家出现的概率微乎其微。

那弟弟到底要不要听姐姐的话呢？不用。

我心里是这样想的：只差不到三岁的孩子，都是未成熟的人，是处于同等地位的。

有几次，弟弟打着妈妈玩，妈妈喊疼，弟弟还是没住手。这时候很爱护父母的姐姐说："弟弟，不要这样。"

"你又不是妈妈，不要管我。"姐姐通常不再搭腔，或许她认为维护正义的责任已尽。

"可是你打妈妈，姐姐不喜欢。"妈妈帮姐姐说话。

"可是我是开玩笑的啊！"妈妈也不再接话，这的确是弟弟跟妈妈撒娇的方式之一。

其实，姐姐说的话，弟弟很多时候都是听的、信服的，只是他有所选择。妈妈的教养态度，让他知道，他与姐姐是处在平等的地位，一旦他选择了听姐姐的话，就是发自内心的相信，半点强迫也没有。

强迫而来的友爱，是假象，只有暂时安慰父母的功能而已。

补记

有次因缘际会让妈妈看到，弟弟每天中午都是跟最要好的同学同桌吃午餐，当天有另一位同学要加入，我远远望去，这位仁兄却被弟弟"请"到隔壁桌去。放学后，我将这件事情提出来，妈妈想说的只是——不要随意伤了别人的心。弟弟当场并不接受我的看法，我试着用同理心的角度解释，他还是有自己的意见。

这时，我马上指了指身旁的姐姐说："不然你问姐姐。"结果放学路上的三十分钟地铁车程，姐弟俩都在讨论这件事，一直说到进家门。不论弟弟最后听进去了什么，我总觉得，手足间的话语，怎么样都会比父母来得有说服力。

口可以不服，心服就好

父母随口的一句话，可以很快地堵上孩子的嘴。

可是，你说服了他的心吗？

殊不见多少父母，孩子都已经长大了，一遇上争端，还是那句"大的要让小的"。也难怪有多少家中的老大心理不平衡一辈子。甚至因为这句话，怨恨父母一辈子。心理一旦不平衡了，手足的感情还好得起来吗？

"大的要让小的""大的要照顾小的"，这些话其实都没错，也都是美德。但前提是，这样的想法必须发自孩子的内心，而不是父母想快速解决纷争的万灵丹，强迫孩子要接受。

为什么都是弟弟坐？

不论在台北还是香港，地铁都是我和孩子的主要交通工具。

有时很赶，匆匆忙忙挤上车；有时很悠闲，边看风景边休息地一站一站晃下去。有时车厢很空，三人快乐地坐下；但是，当车上只有一个空位时，妈妈从来没注意——我们三人到底是谁坐了那唯一的位子？

直到十年后——我是说姐姐两岁开始坐地铁，现在十二岁了，她有一天突然开口说："妈妈，为什么只有一个位子的时候，你每次都是叫弟弟去坐？"

这个问题对妈妈来说有如晴天霹雳，好像老师刚好问到我不会的问题，让我五雷轰顶，冷汗直流。我张口结舌，不知怎么办才好？但心里又全无印象："我有吗？哪有？我怎么都不知道？"我当然不敢随便承认，这样岂不是摆明了妈妈处事不公平。"那下次你发现妈妈又这样，一定要告诉妈妈。"言下之意就是，我下次不敢了。

妈妈对于"有没有公平对待孩子"这件事，一直抱着高度的警觉，但孩子也别想拿这件事来威胁妈妈，我是很有主见的。

意思也就是，自己的一举一动，我都会严格监控，完全不让孩子有机会对我说："妈妈你不公平，你偏心。"因为我知道，如果孩子有一天说了这样的话，代表为时已晚，父母不公平的态度已是"冰冻三尺，非一日之寒"。不然，孩子是不会说的。

不过前提就是，家里不要有人没事就随便把"不公平"挂在嘴上。有时，孩子会学大人说话的方式，试着将听到的语汇，自行套用在日常生活的对话中，其实心里不见得有这样的感受。事情的拿捏，要靠父母随机应变。

如果认真地探讨，当姐姐问我"为什么都是弟弟坐"时，其实就是在说妈妈偏心、不公平，只是姐姐选了比较不伤人的说法。然而，又有多少父母在这个节骨眼上却可能回上一句："做姐姐的怎么这么不爱护弟弟，斤斤计较。"

父母随口的一句话，真的可以很快堵上孩子的嘴。

可是，你说服了他的心吗？

从此以后，上了地铁，如果只有一个位子，妈妈只会对着姐弟俩说：

"谁要坐？"或是"妈妈今天好累，妈妈坐。"

因为我知道，姐姐要的不是那个位子。

妈妈只有一颗糖，怎么办？

有一回，姐弟俩单独跟朋友一家人去游乐园玩。回来后朋友跟我说："你们家姐姐好照顾弟弟哟，常常摸着弟弟的头说话呢。""弟弟要玩什么都要等姐姐，没有姐姐他宁可不玩。"我在想，这些手足相亲的事，我在口头上是很少要求的，我甚至没说过"姐姐要照顾弟弟"这样的话。现在的孩子，能照顾好自己，父母就该偷笑了，哪会多奢求什么呢？

当我手上只有一颗糖果时，我不会对姐姐说："弟弟小，你让他。"当姐弟俩同时都要妈妈抱时，我不会对姐姐说："弟弟小，你让他。"当姐弟俩都坚持要妈妈念自己手上的那本故事书时，我还是不会这么说。

那事情要如何解决呢？我通常将问题还给孩子：

"妈妈只有一颗糖，怎么办？"

"妈妈没办法一次抱两个小孩，怎么办？"

如果还是不能解决呢？通常我会说：

"轮流好不好？"

如果还是无法达成协议呢？

我没遇到过。但孩子知道，僵持不下，自己半点好处也没有。所以纷争通常也在这之前就解决了。

可是，手足的纷争，千奇百怪，根本不是妈妈日渐弩钝的想象力可以预测的，也不是妈妈这个"清官"可以了断的"家务事"。我甚至在情急之下说过："今天谁先让？"意思也就是说，事情已经到了这步田地（妈妈已经没有办法了），看看谁要先让步呢。

逐渐地，孩子发现——妈妈处事只问对错，也就是所谓的"只对事，不对人"。不管姐姐再大，弟弟再小，做错事的一方，就是要道歉的一方。

事情单纯了。

孩子轻松，父母也轻松。

你们家的老大会欺负小的吗？趁人不注意时捏他一下、推他一把吗？父母又常常苦无证据，因此更加火冒三丈。"手足不友爱"就像是父母眼中的沙子，一粒也容不下。

即使你捉着大欺小的证据，准备家法伺候一番时，我得提醒你，打他一下，你也得公平地打自己三下。手足不是天生就不相爱的，父母是不是错得更多，需要负更大的责任呢？至于你哪里做错了？我无法帮你一一细数，你必须时时用心体会。

上一秒钟，对着老大疾声厉言；下一秒钟，对着小的轻声细语。

连上帝都看不下去的事，父母却可以毫无感觉。

父母的态度——决定手足感情的深度。

老大更需要爱

千万不要因为小的孩子太可爱，就忘了，
你原来还有另一个孩子。

场景一：住家大楼的电梯里。

常常见着一个三岁大的男孩，年纪可人不说，更占优势的是，他的嘴巴好甜，常常用那稚嫩的声音，对着我们这些大人喊"阿姨好、叔叔好"，而且总是一边打招呼，一边露出甜甜的微笑，真是人见人爱的小家伙。看得出他身边的妈妈也是与有荣焉的慈爱模样，能生出这样可爱的孩子，哪个父母不高兴啊。每次见着他们，心里也为着这样的幸福家庭而愉快了起来。

场景二：住家大楼外的人行道上。

一天，我在门口不知等着什么，突然眼前出现了这对幸福的母子，妈妈骑着脚踏车，前面怀里坐着的就是这可爱的小男孩。倏的一声，脚踏车在门口停了下来，我还没会意过来，只见妈妈恶狠狠地回头，对着骑另一台脚踏车追上来的小女生骂道："妈妈又不会不见，干吗一直叫我，你跟着我们不就好了。"不是慈爱的妈妈吗？怎么霎时从白雪公主变成坏皇后了呢？

原来这位可爱的小弟弟还有一个年龄差距较大的姐姐，已经小学三年级了吧。她低头默默不语，脸色黯淡无光，与弟弟的阳光模样相比，仿佛不是同一个家庭的孩子。

我猜，妈妈载着弟弟骑车在前，姐姐也骑着紧跟在后，可能是妈妈的距离一跟姐姐拉得比较远，姐姐就喊妈妈。而妈妈一定是觉得，"你都这么大了，这一条路又骑不丢，鬼叫鬼叫做什么，真让人不耐烦啊！"

多年前，当我看到这一幕时，就开始提醒自己：千万不要因为小的孩子太可爱，就忘了——你原来还有另一个孩子。

老大，其实更需要爱。

老大一出生，独占着父母，独占着父母的爱、关怀和照顾。直到老二出生。老大不管愿不愿意、不管准备好了没有，都要开始学着"分享"这件事。要孩子分享饼干糖果，可能不难；但是要孩子学着分享"爱"，这可不容易。

如果父母不知道，当老大要你"等等他"时，其实他心里真正要的东西是"你的爱"。如果父母不知道，还将他要的"爱"解读成"不独立、不忍让、不友爱"，老大的人生道路，是不是将走得更辛苦？

家里较小的孩子，总是比较占便宜，就连在上一代，也常有前面的孩子没书读，后面的孩子却读到硕士、博士的例子。第一个便宜就是：从懂事以来，"分享"对他们来说，理所当然，包括分享父母的爱，因为哥哥姐姐与父母一样，是原本就存在了的。第二个便宜，也是最大的便宜是：他们年纪较小，即使上了小学、初中，他们永远都是比较小的，"比较小"常常就占了"比较可爱"的便宜。

我也不能否认这一点，当我们家老二出生后，我就不记得老大有"小的时候"了。因为大和小是比较级，当家里有个小婴儿时，两岁半的孩子也变成大孩子了。即使如今老二都九岁了，做妈妈的有时还是会用看小婴儿的心态，来看待这个较小的孩子。

连只狗都是小的比较可爱，如果觉得家里小的孩子比较可爱，其实也是自然反应。只是，父母肆无忌惮地对老大、老二表现出截然不同的对待方式，就是父母该检讨的时候了。

一位好友曾经提起，家里的保姆看小女儿比较可爱，就细声细气；对于老大，因为年纪大惹出的麻烦难免也较大，就是一番大呼小叫。好友一发现这个现象，马上提醒保姆注意，不可以"大小眼"。

好友的小女儿真是可爱，我猜想，可能连父母都无法避免宠爱比较小的孩子。但是，好父母常常就是那些比较有"自觉"的父母；换言之，不好的父母，就是那些明知不可以做的事，却还"不信邪"地继续我行我素。

至于我们，可能都属于不好不坏的父母，不见得都有"自觉"，但也不会"执迷不悟"。至少，当有人提醒我们的时候，都很愿意改进。

当我们在亲亲抱抱老二时，老大刚好走过来，记不记得拉他来一起亲亲抱抱？当老二要听故事时，记不记得问老大要不要听？

从第二个孩子出生后，我们有多久没有单独跟老大在一起呢？他们一定很喜欢，也很怀念当初弟弟妹妹还没出生时，"爸爸妈妈只是我一个人的"的感觉。偶尔找机会只带老大去散散步、逛逛街、吃吃东西吧，他们会好高兴的。

趁弟弟还在妈妈肚子里，我要尽情享受，快没我的机会了哟。

我们家姐姐快十二岁了，从来没跟妈妈说过一句"你不公平"。但是，这并不表示，做妈妈的就可以不重视她的感受，也不表示妈妈真的没有不公平。常常，不抱怨的孩子就被当成没问题，但他们有没有可能，是不想让父母伤心呢。

　　有一回，我临时要出门去买个东西，弟弟正玩得起劲，表明不跟我去，于是我和姐姐单独出门。这其实是很少有的机会，因为愈小的孩子愈爱当"跟屁虫"，所以我们三人总是形影不离地腻在一起。

　　夏日的黄昏，只剩下最后一道夕阳，天就要黑了。

　　"我们来聊天！"姐姐说。

　　我们手牵着手，聊些无关紧要的琐事。她将头靠着我的手臂，抬头看我的那一眼，我还记得。我知道，她在心里要说的是——

　　我好幸福啊！

爸爸的内衣

<u>孩子争吵时，父母别急着处理，心里先想一下，</u>
<u>孩子到底争的是什么？</u>

从姐弟俩第一次吵架开始——

严格地说，应该不叫吵架。通常吵架最基本的构成要件，是双方都有表达无碍的口语能力。所以，当孩子年纪还小时，一开始手足之间的问题，通常是自身的权利被侵犯，而向父母提出抗议。我和孩子都给它一个专有名词，叫"吵吵"。意指甲孩子说甲意见，乙孩子说乙意见，僵持不下，有时连上帝也不知道如何处理。

经过多年，要妈妈回想——他们姐弟俩在很小的时候，曾经为了什么事"吵吵"呢？想不起来，一件也想不起来，一个例子也举不出来，我的脑子一片空白。他们每天都相亲相爱吗？别说笑了，不可能啊！可是没办法，硬是一件事也想不出来。很好，这是妈妈天生命好，不愉快的事都记不起来。

但是，我却记得，当时的妈妈很喜欢当裁判，"你对，你不对"，斩钉截铁毫无困难。当时妈妈心里只想着，孩子的问题，焉有解决不了的道理呢？

嘿嘿嘿——妈妈错了。

我们家的故事书，除了大家共同拥有分享的之外，两个孩子还喜欢将自己特别钟爱的书，不用经过妈妈同意，自行商讨地二一添作五，据为己有。所谓据为己有，就是双方可以各自将书放在自己的房间，另一方如果想看这本书，必须先征求对方的同意，填写借书卡才能拿书。（妈妈总觉得这真是吃饱太闲，有够无聊。）

第一次，两人吵到我面前来，姐姐说书是她的，弟弟说没有。这时，做妈妈的能怎么办？大吼一声说"再吵，两个都不能拿"吗？这可不行，这样的"判决"非常不公平。你知道，逻辑上这是哪里不公平吗？我不说，让你动动脑筋。

好啦！怕你脑筋打结，我还是告诉你答案啦：一定有一个人是对的，一个人是错的，但只有上帝知道，妈妈不会知道。可是在"两个都不能拿"的情况下，如果姐姐是对的，那她不是平白掉下来一件倒霉事吗？

虽然无可奈何，可是妈妈得为未来的"安宁"打算，于是我说："妈妈也不知道书是谁的？只有上帝知道。下次，你们在约定的时候，记得写成合约，然后双方签字。"在我解释何谓合约之后，双方不欢而散。

事隔月余，一个爸爸出差不在家的晚上，妈妈念完睡前故事，灯已关小正准备睡觉了，昏暗中，突然姐弟俩又为了另一本书是谁的吵了起来。只见姐姐从床上一跃而起，透着微弱的灯光在房间里翻箱倒柜了起来。

妈妈最讨厌孩子睡眠不足，于是气急败坏地问姐姐："你在找什么？"

"我在找合约啊！上次这本书有合约，弟弟有签字啊！"

"真的？！"妈妈的正义感也被引发。

"你确定弟弟有签字？那我帮你找。"其实，妈妈也想找出证据，然后将那个始作俑者痛骂一顿，以泄多年来被"吵吵"的怨气。

可是，你知道，一张小纸条，在这个节骨眼，除非上帝帮忙，不然怎么找得到呢？我和姐姐锲而不舍之际，弟弟也义正词严地补上一句："找出来，我也要亲眼看看。"咦？那表情，妈妈又疑惑了，到底谁是对的呢？

只差没把天花板掀开来，但纸条还是遍寻不着。可以想象姐姐有多沮丧，但在这当口，妈妈是一点忙也帮不上的。

姐姐大概知道，今天妈妈也救不了她，悲从中来、呜咽大哭之际，开始喊着："我要爸爸。"

"爸爸今天出差，不回家。"

"呜——那我要……一件爸爸的内衣。"当晚，姐姐就抱着一件内衣"含恨睡去"。

三个月后……（此处请用拍电影的手法想象一下）

我们刚好遇上搬家整理东西，那张弟弟确实有签字的纸条，翩翩飞出。姐姐只轻描淡写地说："签名的合约在这里。"我和弟弟也只"哦"了一声，表示知道了。然后三人无语，只是淡然一笑，没有一个人还计较这件事。

孩子吵架，争什么？

——可能是一块蛋糕。

——可能是父母的爱。

——可能是情绪发泄。

——可能是公平正义。

——可能只是"尊重"二字。

下次孩子争吵时，父母别急着处理，心里先想一下，孩子到底争的是什么？

这个动作对当下可能没有什么帮助。但，可能有助你"治本而不治标"。

蛋糕，有形，解决一次，还有下一次。

无形，才是教养孩子的核心所在。

能闪则闪

对于孩子，我们只能看着、听着。
父母的干预，不只于事无补，还可能愈帮愈忙。

孩子常常为了争夺"妈妈的爱"，或只是"发泄情绪"，而借着鸡毛蒜皮的小事"吵吵"。

作为一个现代的全职妈妈，最辛苦的不是柴米油盐，而是有解决不完的手足纷争。事情都不大，甚至不会隔夜，但却足以逼到妈妈被关进疯人院。

还记得那个我自己发明的恐怖故事吗？会将妈妈砍成两半的坏国王。其实孩子当下异口同声说"不敢"之际，却又很不放心地问："如果是不小心吵了一下呢？"或许他们也知道，要做到完全不吵，好困难啊！

"只要不吵到妈妈面前的，都不算。"我说。孩子松了一口气。

从此，这就成为我处理手足纷争的最高原则——能闪则闪。

不管姐弟俩吵得有多凶，吵翻了天也一样，只要不找我当裁判，我都尽量充耳不闻。前提是：

我知道他们不会动手。

我知道他们势均力敌，没有人因为年纪而吃亏或占便宜。

我觉得他们姐弟俩的口语能力愈来愈好，似乎跟常常斗嘴有很大的关系。一旦不能比力气，只能比口才，如何将道理说得清楚明白，还要有"输人不输阵"的气势，姐弟间的吵嘴，就变成一种最自然的"练习"活动。

但是，在刚"练习"的初期，一方很容易就来找妈妈当裁判，而我的处理原则就是——顺其自然。我把道理说出来，通常就代表一方有错；如果不服，可以马上"上诉"，妈妈会根据"陈情"再做出判断。

如果妈妈的道理还是无法说服双方呢？我只好摆出一副无奈姿态。当然，妈妈的态度要诚恳，不要一副"你们打死了也不关我的事"的漠不关心——妈妈是打心里愿意帮你们的忙，可是能力有限啊。

有一次，姐弟俩下象棋，两人席地而坐。下着下着，弟弟的脚丫子可能伸得太前面、太靠近姐姐。姐姐说："你的脚太过来了。"弟弟说："我又没碰到你。"

很小的事情吧，却也可以吵到水火不容、翻脸不认人。

你说，这到底是谁的错呢？是弟弟太故意，还是姐姐太计较？

虽然我心里有"大人"的答案，但我还是充耳不闻。我就在旁边做我的事，只要他们没叫妈妈，我就当作自己是路人甲，完全置身事外，好像我根本不认识他们。

如果有人忍不住喊妈妈要答案呢？我会先试着抱以尴尬一笑，表示妈妈也不知道怎么办耶。其实这样的情形不会只在家里发生，在学校与同学相处时，也不是每次都能找老师来裁决的。练习"处理纷争"，或是练习"靠内在力量化解难过"，是通往快乐人生的必经之路。

仔细想想，孩子真是为了"脚有没有碰到"而"吵吵"吗？通常不是。感情好的时候，让对方骑到头上都没关系。在这次"吵吵"之前，他们俩一定就已经不愉快了——不是为了下棋规则的争议，就是起手无回的定义，甚至是一方可能快要输棋的沮丧。所以，这点小事只是导火线，父母处理得了表面这件事，那更深层的呢？

有时，父母的干预，不只于事无补，还可能愈帮愈忙。

弟弟不小心打到姐姐，虽然马上说了对不起，可是姐姐也要打回去以示公平，弟弟却不肯。他的理由是："我打到你不是故意的，但你是故意要打我，就不可以。"好像有道理喔？

　　可是姐姐气极了，说："弟弟没事喜欢挥来挥去，常常不小心打到我。所以我也可以打他，然后再说对不起。"咦？姐姐说的好像也有道理，不小心不是借口，不然我常常平白被你打啊。

　　（请注意，姐姐要打回去这个动作，她竟然要征求弟弟的同意。弟弟不同意，她就不动手。你看看，从小就养成"君子动口不动手的习惯"，要孩子不遵守都很难呀。）

　　怎么办？其实我心里想的是："姐姐，那你就过三分钟再打，然后假装是不小心的嘛。"我能这么说吗？

　　对于孩子，许多时候，我们只能看着、听着。

　　不能插手。

　　仿佛父母是不存在的。

　　这是意境，有时只能意会，不能言传。

什么事，这么乐？

"妈妈的头上是什么？"

"鸟大便一坨。"

我们的最大敌人被攻击了，

还是被大便攻击，怎能不乐坏了。

那天是1月1日，

我们去看四层楼高的圣诞树时。

当孩子需要帮忙

父母愿意花时间倾听，并告诉孩子每件事情的道理，
可以让孩子的童年更快乐，手足相处得更融洽。

处理孩子的纷争，父母的大原则是，不要主动介入。这
是意境上的体会，只能在生活中遇到时，父母再慢慢琢磨何谓
"不能言传"。但是，父母有太多的机会，碰上孩子吵到你的面
前，要你评评理，这时该怎么办？

认真地帮孩子，解决他们无法解决的难题，是我十年来一
贯的态度。我不逃避，我也尽量耐着性子听他们"公说公有理，
婆说婆有理"。既然孩子需要我的帮忙，我就发自内心地、认真
地、尽全力地帮忙，好像法官在审理案件，完全不打混摸鱼，
只差没拿出笔记本录音机而已。

怎么帮呢？其实也没什么大不了的，就是先听听甲说，再
听乙说，然后根据对错当场做出"裁示"。例如甲错乙对，就解

释为什么乙对，如果甲即刻提出"抗诉"，再根据"陈述"做出第二次裁决。

印象中，似乎没有什么妈妈解决不了的事。但是，再强调一次，我从不拿什么"大让小""小听大"之类的理由来搪塞孩子。因为妈妈愿意倾听，只以"事情的对错"为最高判决原则，输的一方，即使不能心悦诚服，但也还能坦然接受。

每天处理这些大小纷争，十几年来，从来也不觉得自己有何重要或是与众不同之处，直到……

去年的圣诞假期，先生带着孩子和公婆去上海探亲，我则趁此机会回台湾处理新书出版事宜。极少有机会与孩子分开的我，没想到一回到家，姐姐就迫不及待地跟我说：

"妈妈，你终于回来了。有件事要跟你说，等你等了好久……"

"什么事？"妈妈马上正襟危坐，孩子既然严肃，我也不能嬉皮笑脸。

"就是弟弟在上海的时候，常常做我不喜欢的事，叫他住手也不听。"其实，还是鸡毛蒜皮，但是弟弟的确犯了家规——妈妈总是说，别人说不喜欢的时候，即使你在开玩笑，也要马上停手。虽是鸡毛蒜皮，但只要孩子心里不舒服，我从来不等闲视之。我心疼她忍了这么久，于是随口问了："为什么不跟爸爸说？"

"爸爸只会搞笑，根本没用。"姐姐继续说，"跟爷爷奶奶说也没用，他们根本听不懂我们在吵什么。"

我开始纳闷另一个问题，这似乎更值得我的关心：

"平常，弟弟有这样淘气捉弄你吗？"印象中，他们俩都是守规矩的孩子啊。

"没有。弟弟平常不会这样，因为他知道你在，你会管。"

此时，我才恍然大悟——原来我不厌其烦地帮孩子解决纷争和心里的不愉快，是多么必要的一件事。

虽然手足纷争多半是小事，但如果有一方的心里不舒坦、不甘愿，甚至觉得没被公平对待，这些小事对于手足的感情，都会变成日积月累的杀伤力。就像姐姐说爸爸以搞笑方式来逃避，以为混过去就当没事了，但是事情不做了断，是永远不会自己消失的。

或许有人会质疑：父母不插手，不是正好能让孩子练习处理纷争吗？但是我觉得，当孩子都已经明确地要求父母帮忙时，就不可以只丢下一句："你们烦死了，自己解决，我不管。"

当父母无法主持正义，孩子就可能渐渐发展出自己的"非常手段"，而手足的不良相处模式一旦定型，届时父母即使愿意花上好几倍的力气来调整，也常常是无力回天的。

所以，趁着第一时间，我们就要认真倾听，然后公平裁示。孩子很需要父母设立的规矩，以及对各种事情的解释，让孩子清楚知道什么是对的、什么是错的，什么可以做、什么不可以。父母愿意花时间倾听，花时间告诉孩子每件事情的道理，可以让孩子的童年更快乐，手足相处得更融洽。

当了十几年的妈妈，我现在才悟出这个道理：父母对孩子的付出，不论是时间还是耐心，有时看似微不足道，但在冥冥之中，都会有它存在的价值。

千万别对孩子说："我对你的心血都白费了。"

如果真的白费，那可能就是心血用错地方啰。

不患寡而患不均

父母不明事理、没有耐心，
随意妥协于"会吵的孩子有糖吃"，才叫真正的不公平。

兄弟阋墙，有时争的，只是"公平"二字。

很多年前，也不知道是什么事让我想起，高中读《论语》时背到孔子说的这句话——"不患寡而患不均"。当时为了考试而在宿舍楼梯角落猛背课文的女孩，哪知有一天竟然会对着它有感而发。

少，没有关系；但是不公平，就万万不可。

老板给的年终奖金极其丰富，高兴之余，突然发现原来老板偏袒隔壁部门，即使差距不大，之前的高兴，顿时烟消云散。穷人家的压岁钱，即使少得只能塞牙缝，但只要父母不偏心，孩子个个依然眉开眼笑。富豪之家的遗产，即使再不公平，都一辈子享用不尽,可是你争我夺的戏码,从古至今不曾消失。

这是人性,也是人性的弱点。或许有人想闯这一关,却常常过不了。

一人只分一颗糖,只要公平,没有人会抱怨。一人变成三颗,理应高兴才是;但若发觉有人是四颗,你过得了这一关吗?

大人都未必过得了,更何况是孩子。

当姐弟"吵吵"分到的蛋糕不一样大时,我会说:"一人来切,一人来选。"这样就公平了吗?——没那么简单,接下来可能又要开始吵"谁要切,谁要选"。造成手足觉得不公平的事由,我猜,十页纸也写不完。再不可能的事,都可能被孩子发展成"不公平"的理由来吵,尤其当孩子年纪还小,仍然以父母为生活的重心时。关于孩子的事,很多都是过渡现象,父母不必太忧心,只要用心处理即可。

有位朋友帮老大买了溜冰鞋,但老二还不到可以溜冰的年纪,却吵着也要买一双,怎么办?父母的公不公平,不能只看表面,以为物质上齐头式的平等就叫公平。只因为"妹妹吵,就帮她买一双跟我一样的溜冰鞋",表面上父母是公平的——因为每个人都有。但在老大的心里,父母的不明事理、没有耐心、随意妥协于"会吵的孩子有糖吃",才叫真正的不公平。

弟弟，妈妈要去逛街了。

我们得装出成熟的模样，才有机会跟她去。

孩子也知道，"公平"不是通行无阻的，有些事就是无法完全公平；遇上阻碍时，即使父母做不到公平，孩子也想知道——父母的心，公不公平？

你是公平的父母吗？

我觉得我是。我的两个孩子，除了性别外，各方面差距不大，所以父母要做到公平不难。可是如果他们是一个美，一个丑；一个个性随和，一个固执难搞；一个学业优异，一个成绩单满江红……我还能心平气和地公平对待吗？我不知道。对父母来说，这肯定是更严格的考验。

上一代的父母，用不公平的态度对待孩子，常常视为理所当然，不必隐藏，也不怕伤了孩子的心，这实在很令人匪夷所思。"嫁出去的女儿，泼出去的水"，就是经典证据。所幸，我是在一个父母极为公平的家庭里长大的。为了哥哥的学业，父亲将他从公立小学转入私立学校。一日，懵懂无知的我也被通知要转学。不知为什么，我竟然还记得在那个昏黄的房间、昏暗的灯光下，问着父亲："为什么我要转学？我不想离开同学。"

"你哥哥转入私立小学，不想你以后说我不公平。"父亲说。那时我还纳闷，这跟公平有何关系。后来出国念硕士，又花了父亲的大半积蓄，哥哥和弟弟并无半句怨言，因为他们知道，父母鼓励孩子读书的心是公平的。

"谁有能力念书，卖房子都要让你们念。"这是我母亲的名言。

一位好友年迈的母亲卖了名下的一栋房子，她将所得一分为四，准备分给都已婚嫁的四个孩子，而我的朋友是唯一的女儿。

这时，母亲身旁的亲友说话了："为什么女儿也要分？嫁出去的……"

"为什么女儿不能分？都是我的孩子啊！你希望儿子过得更宽裕、舒适，女儿也一样啊。"

"可是出嫁就是跟别人家姓，也不跟你住啊！"三姑六婆还是不放弃。

"这跟姓什么有什么关系，你这么多儿子也不是每个都跟你住啊！现在都什么时代了，只要是我的孩子，不管男女，就是要公平。"

这一段话，为中国女人吐了五千年来的怨气。

我的朋友，她的生活，根本不差那一份母亲要留给她的金钱。

但是，不患寡而患不均。

父母的公平，是孩子一辈子心平气和走完人生的最大支持力量。

男女教养都同调

孩子们有自己的发展轨迹，父母应该做的，就是给予支持。

不管教育理论说了什么，我用同一个逻辑在教育我的一儿一女——男和女的不同性别，从来不是我教养孩子该考虑的。

我有一个很中性的名字，我很喜欢，于是在帮孩子取名字时，也很中性。当他们还是娃娃时，我不会女生就买粉红色，男生就买天蓝色；为他们选玩具时，我不会女生就买洋娃娃，男生就买小汽车；当儿子跌倒大哭时，我更不会说："男生要勇敢。"这是什么逻辑啊？女生就不用勇敢吗？

做父母的责任很单纯，就是将孩子教养成健全的人。这就是我的目标，我甚至不会特别去注意他们的性别。

好品格、好习惯、好态度，是不分男生女生的。

女儿想学空手道，我不反对。女儿运动细胞很好，上山下海难不倒她，我很鼓励。她说不想穿裙子，我不强迫。十一岁时，有天她突然对我说："妈妈，你是世界上最好的妈妈。"

"因为你都不会强迫我去参加party的时候，一定要穿裙子。"（哦，原来这就是成为最好妈妈的要件，太简单了吧。）我猜，她可能是跟同学聊天才知道，原来不是每个孩子都能自由做选择的。

"好动、不喜欢穿裙子"，你不怕女儿太男性化吗？我的想法是：孩子的天性，不是父母该在意的地方，如果天性就是如此，我就该接受它。勉强的改变，只是迎合世俗的眼光，对孩子人生的影响一定是好的吗？

弟弟出生了，与姐姐性别不同，发展也不一样。姐姐喜欢的、擅长的，在他身上全然看不出天分，运动细胞一向没有姐姐好，胆子没有姐姐大，可是我全都不在意。虽然这些都是世俗赋予男生"应该"要有的特质，我的想法还是一样：基因遗传是固定而不能改变的东西，如果硬要将制式的想法加诸孩子，可能我们还没改变他，就已经先毁了他的自信心。

从小姐弟俩玩玩具，我从不对玩具归类性别——娃娃是女生玩的，车子是男生玩的；玩具只分喜欢不喜欢，不分男生女生。

可是，如果你家有个小男生整天玩芭比娃娃，为她们穿衣服、脱衣服、选衣服、挑鞋子，你介意吗？

如果你介意的话，也千万隐藏你那嫌弃"孩子所爱"的态度。父母厌恶、嫌弃、嘲讽、贬低孩子喜欢的东西，对孩子来说，就是极大的杀伤力。

虽然，父母的出发点是善意的——怕孩子走偏了路。但结果往往是，孩子根本还没走稳，就被父母绊了一大跤。

有一回，两个孩子在挑玩具的当口，儿子把我拉到一旁，当时他才幼儿园中班，说："我想买那个娃娃，可是爸爸说男生不能玩，我很想要，但又怕爸爸会生气，怎么办？"

父母常常为孩子的未来，太过担心。

以为小时候爱玩娃娃的男生，以后就会娘娘腔。

以为小时候不喜欢洗澡的孩子，以后就会臭死。

以为小时候打打闹闹的女生，长大后就会嫁不出去。

以为……

父母的"以为"，多数都是过渡现象，庸人自扰。如果父母又拿这些"以为"的压力来限制孩子，有时候，它反而会扼杀孩子天生的兴趣、专长和自信心。

五岁不喜欢穿裙子的女儿，十一岁时已经懂得打扮自己。三岁不爱运动的儿子，八岁时已是全年级的跑步高手。

这个夏天，我和女儿才为了她要不要买比基尼而争吵。别误会妈妈老古板，是我说好看要买，她却说如果我买了她也不会穿。其实她是不了解妈妈的自我补偿心理——妈妈自己不能穿，就希望看女儿穿，也可以过过瘾啊。

不久前逛街，儿子大概看到了什么，又想起了什么，突然对我说："妈妈，你还记得那些大眼娃娃吗？我从前怎么那么喜欢，好好笑。"对于自己以前的想法，他也觉得不可思议。

孩子有他们自己的发展轨迹，父母最心该做的，就是给予支持。尤其那些没有一定对错的事，更不要妄下断语。

女儿和儿子，性别虽然不同，但在我的心里，不论是教养的态度、价值观的传递、未来的期望还是对他们的祝福，永远都在同一个天平之上——

他们都是妈妈和爸爸永远的宝贝。

为什么手足要相亲相爱

手足间相依的内心满足感，是情感的依靠、心灵的慰藉，
别人拿不走，也没有谁替代得了。

"为什么父母可以吵架，却要孩子友爱？"如果孩子拿这句
话来反问我，我一定会说："因为父母可以离婚，手足却是割不
断的。"当然这是强辩，我知道孩子也不可能这样问，因为他们
几乎没看过父母吵架。如果我们整天争吵，却不顾孩子的感受，
再回头要孩子相亲相爱，不是矛盾得可以吗？

为什么兄弟姐妹要相亲相爱？每一件事我都倾向跟孩子说
明道理，而关于这件事，我会这样说：如果你选择"与手足不
友爱"这条路的话，其实受伤害最深的是自己，与别人无关。
对于父母而言，也只是单纯地因为爱孩子，所以希望孩子在人
生的道路上多一个人扶持罢了。

在姐姐上小一，弟弟还是幼儿园中班的当口（这时候他们

经常吵嘴），每当他们不能和睦相处，我和他们之间经常会出现这样的对话——

我说："姐姐是弟弟永远的好朋友，弟弟也是姐姐永远的好朋友。"

再问他们："谁是你们在学校的好朋友？"

在他们争相报上自己好朋友的名字后，我会说："姐姐，你上小学后，从前的好朋友是不是和你读不同的学校？等你们长大去另一所学校时，又会有不同的朋友？"

这时，他们还会帮我补充："如果我们搬家转学了，新学校会有新朋友，可能就没有那么常跟现在的朋友玩了。"

于是我接着说："兄弟姐妹就不一样了，因为你们生在同一个家庭，所以，你们会是——永远的朋友。有一天，爸爸妈妈老了，上天堂之后，你们两个还是可以互相陪伴、互相帮忙。"

再问他们："有没有跟学校的好朋友相亲相爱？"

得到正面的答案后，我说："你们是永远的朋友，是不是也要相亲相爱？如果你们现在不练习互相友爱，而喜欢常常吵架，吵成习惯以后，长大就很难改变了。你们会希望有一个永远都在吵架的朋友吗？"

"你们会希望有一个永远都在吵架的朋友吗？"我只想通过这句话传达一个观念给孩子：事情是好是坏的选择权，在你们自己手上。不要以为孩子很小，我得慢慢让他们了解——自己要对自己负责。每个人脚下的那条路，都是自己走出来的，与别人无关。

"你是全天下最可爱的弟弟。"十一岁的姐姐，摸着八岁弟弟的头说道，脸上流露出充满爱意的笑容。周末的早晨，八岁的弟弟睡醒时，会钻进十一岁姐姐的被窝里再睡一会儿，等姐姐醒来一起玩。手足间相依的内心满足感，是情感的依靠、心灵的慰藉，别人拿不走，也没有谁替代得了。为什么我要鼓励父母生两个孩子？当父母在生活中感受到这一幕时，就会知道我的心情了。

有人问我："你有没有关于手足友爱的故事书可以推荐？我们家的哥哥很喜欢欺负弟弟。"

讲手足友爱的书太多了，随手可得。倒是有一本讲弟弟如何报复哥哥的书想推荐给父母，书名叫 *I'll Fix Anthoney*（《我要修理安东尼》）。多年前在书店无意间看到这本书时，我大叫一声"买了"，还吓了老板一跳。这种书不买，更待何时？有时候

 分享，才是趣味之所在。

买故事书，根本与孩子无关，而是妈妈自己爱不释手。

这是一个弟弟幻想有天长大时，要怎么"修理"哥哥安东尼的故事——

哥哥安东尼可以自己看懂故事书，却从不念给弟弟听；哥哥会跟同学下棋，但从不让弟弟玩，还叫弟弟走开；弟弟总把心爱的东西借给哥哥，可是哥哥却什么也不给弟弟。

于是，弟弟开始幻想：当我六岁的时候，我要修理安东尼。怎么修理呢？

一、那时候我会有一只自己的狗。狗会跟我玩、舔我的脸，但是如果哥哥想摸它，就会被咬。二、哥哥会得麻疹、腮腺炎和重感冒，然后爸爸就会只带我去看电影、吃冰激凌和爆米花。三、当我六岁时，我会跳得很高、跑得很快，我会看报纸，我还可以投票；我会游泳、跳水，而哥哥只会咕咕咕地沉到水底。四、我会长得很高，把哥哥的鞋子放到最高的柜子上，哥哥就拿不到。然后他就会一直求我，一直求到一百年以后。五、当我六岁的时候，我会加减，哥哥却连一加一都不会；比赛跑步我让他先跑，但他还是赢不了我；我会整天有朋友打电话给我，他却一个电话也没有；我会放双手骑车，他却摔个狗吃屎………

整本故事书里都是弟弟的幻想——其实那也不是幻想，根本是他自己目前的处境（但作者并没有点破）。最后场景回到了现实，哥哥又驾着玩具车来撞他、吓他，弟弟一边跑一边喊："我现在还是要逃。但是等我六岁的时候，就不必逃了。等我六岁时，我要修理安东尼。"

手足的争吵不足为奇。但父母得以判断事情严重与否的观察角度则是——家中的孩子，大的会不会欺负小的。

所谓"欺负"，就是并没有特别的原因，而以优势或手段，趁人不备，使其受害。例如：偷捏、偷踢、偷推、偷抓弟弟；偷偷将弟弟的玩具藏起来、丢掉、弄坏。（但也有可能反过来，是小的欺负大的哦。）

这时候，如果将老大狠狠揍一顿，"看你下次还敢不敢？"——我不是说了嘛，"趁人不备"，为什么不敢？打孩子只能收一时之效。事情的关键不在于喝止，而在于搞懂孩子为什么这么做？嫉妒、怨恨？为什么嫉妒、怨恨？

哎，事情的症结最终还是回到父母身上。我们不能逃避责任。我刚刚才说的"自己的责任要自己负"，原来不只针对孩子，连父母也适用。

我们家姐弟俩从小争吵不断，但是，姐姐几乎不欺负弟弟。为什么不欺负弟弟？因为不嫉妒。为什么不嫉妒？因为没有事情好嫉妒。他们的争吵是势均力敌地在磨合。如果手足中出现了"欺负"的成分，就代表一方已有怨恨。至于怨恨原因为何？父母用心去体会，是唯一的方法。

我一向喜欢用故事书来教孩子，但故事书只有潜移默化的辅助效果，一旦孩子出了问题，故事书不是特效药，哪能在紧要关头帮得了父母呢？

父母的"反求诸己"，才是真正解药之所在。

微笑的妈妈的脸

弟弟抱着我的左手，半个人靠在我身上，呼呼睡去；
我的右手，挂在床下，让睡在母子床的女儿握着安心……

姐姐从小没办法自己一个人睡觉，总要人哄着。有此殷鉴，弟弟一出生，妈妈就学西方人，让孩子马上独立睡进自己的房间。此法果然奏效，妈妈孩子各睡各的，相安无事。

姐姐上了小学以后，不知是外来信息太多，还是孩子想象力太丰富，白天看似非常自立，一副可以独自赴京赶考的模样，一到晚上睡前，"妈妈"仿佛变成天地万物间最珍贵的东西，就希望你在她床边多逗留一分钟也好。但妈妈多半是，心有余而力不足。

上个月，全家刚从台湾返乡探亲回到香港的第一天，久别的房间，孩子又开始不习惯——与其说是不习惯房间，还不如说是舍不得离开家乡和所爱亲人的难过和不适应。当天挨到晚上十点钟，终于送完孩子上床，妈妈虽然也累了，但还是逼自己坐回计算机前工作一下。（我都会使些小伎俩骗自己，说写完一页就好，但后来可能就是没完没了……）

"妈妈，我睡不着。"我抬头一看，姐姐，十一点钟。

"怎么那么晚了还没睡呢？"妈妈知道这是度完假症候群。她站在我身边，知道妈妈不喜欢这样，却又忍不住泪眼婆娑，一副要妈妈陪才睡得着的模样。可是妈妈也好累，陪了孩子，工作呢？于是，我忍不住说了一堆不该说的"训词"，她二话不说走回房间，生气了。

"妈妈，我也睡不着。"我又抬头一看，是弟弟。妈妈大喜，"那今天你去睡姐姐房间，她要人陪。"儿子也大喜，他一直都很喜欢跟姐姐睡。只是姐姐上了小学三年级以后，好像觉得自己长大了，是大孩子了，不太让弟弟睡她房间。

儿子咚咚咚跑去问姐姐，一会儿又回来，我看他脸色就知道，姐姐不要他陪。"不然你回床上看一下书，累了再睡，好不好？"我按捺着性子，哄儿子回了房间。

我又回到计算机前，这回精神来了，愈写愈起劲。

"妈妈，我错了，妈妈抱抱。"我抬头一看，姐姐，十二点钟。

反省了一小时，知道错了，但是，孩子啊，这么晚了，你不能先睡觉，明天再来认错吗？

于心不忍，我紧紧地抱着她。睡不饱的孩子，在学校怎么能舒服地度过一天呢？"你先回去躺着，妈妈处理完这封E-mail 就来陪。整个晚上都跟你睡，好不好？"我要让她安心地睡觉，实在太晚了。她满足地回去了。

这时，弟弟又出来了，时间抓得完全恰到好处，仿佛是在排演话剧，谁该退场、谁要上场，一点误差也没有。

"我看完书，要睡觉了。"于是妈妈又起身陪他回房间，盖好被子，亲三下，说晚安。同一个动作，这已经是今天晚上的第五次了吧。

"你等会儿要陪姐姐？"他一定有装监视器加窃听器。

"嗯！"看他欲言又止，我得再补一句以防后患："姐姐今天不习惯，半夜会哭，妈妈下次再陪你，乖，快点睡。"抬头看看墙上的钟，十二点半。

香港房子小，当初帮孩子买的是那种床下还能抽出一张床的"母子床"，以备亲友来访可用，结果却是妈妈睡的时间最多。等我铺好床、关了灯，在女儿身旁躺下去时，我猜已经快一点了吧。

故事结束了吗？没有。不到半分钟，只听见弟弟的房门开开关关，声音不大，却是那种妈妈刚刚好可以听见的分贝数。这次，我完全心甘情愿地再爬起来，没有一丝怒气，因为我知道，这些都不是孩子愿意见到的发展。

走进儿子房间，又见泪眼婆娑的景象，我当然知道他也想妈妈陪。

"妈妈没办法分成两半啊，"这时我已经完全投降了，"你到姐姐房间，跟妈妈挤一张床。"

"不要，"他摇头，"你不喜欢挤。"

没错，孩子知道妈妈不喜欢挤着睡觉。"只有一天，没关系。"妈妈说。

"你陪弟弟好了。"姐姐前脚又跟着妈妈后脚进来，用一种大义凛然、从容赴义的神情对我吐出这句话，眼眶中满满的泪水，但是时间抓得很准，一定要说完这句话，才会跟着再滴落一滴眼泪。哎！如果来日你们两位成了跃上国际舞台的演员，一定要感激妈妈给你们训练的机会啊。

五分钟之后，墙上的钟敲出一点的声响。

妈妈啊，妈妈！你早知如此，何必当初呢？早三个小时之前就应该妥协的事，真是损人不利己啊！

　　一切又恢复了平静。弟弟抱着我的左手，半个人靠在我的身上，不到十秒钟，呼呼睡去。我的右手，挂在床下，让睡在母子床的女儿握着安心。

　　妈妈非常不自然的睡姿，明天准是腰酸背痛。

　　黑暗中，瞪着天花板，却有一张，含着微笑的妈妈的脸。

孩子需要帮忙时，要理睬。

排解手足纷争，事小。

大事呢？就是做人的道理。

发生在这对兄妹身上的九个冲突，都是小事，

父母怎么面对，决定了手足感情的走向。

PART 2

都是小事，
但有必要处理

前言

孩子吵架，吵到爸妈不想活了，不稀奇。我最不想活的时期，起始点，应该是弟弟幼儿园大班，姐姐小学二年级的时候，可能之前弟弟太小，也没能力跟姐姐吵。

至于，他们什么时候几乎完全不吵了呢？大约是姐姐十二岁进入青春期，那时弟弟小学四年级。其实，小学四年级还是小孩会吵架的时候，但因为吵架的对象已经长大了——手足只要有一方没能力，或是没兴趣吵架，一个巴掌是拍不响的，对吗？

有人认为：手足吵架无所谓。这件事，对，也不对。

如果吵架后，心里没有怨怼，你可以说无所谓。如果一次两次三次、一年两年三年，随着年纪渐长，怨怼也愈深呢？很多手足渐行渐远，除了个性不相投，可能小时候就处不来，大了更难有机会再培养感情。

有人认为：吵架可以增进感情。这件事，对，也不对。

如果把吵架看成一种沟通，那就得看沟通有没有结果。如果最后落到各说各话、负气离开，双方都认为是对方的错，请问，这种吵架怎么增进感情？更糟的是，有人认定父母偏心，你还能说手足吵架无所谓吗？从第一次听人说，夫妻吵架能增进感情，我就不太认同。那是没机会沟通或是不知道怎么沟通的夫妻，最下策的选择吧。

如果能相亲相爱，干吗没事用吵架当增进感情的工具？如果手足一开始就能相亲相爱，把吵架和怨怼减到最低，哪个人不希望看到家庭和乐？如果你觉得手足吵架无所谓，那就要确认孩子的吵架是良性的沟通。如果每一次吵架，对的一方得不到正义的支持，错的却可以"逍遥法外"，这样最可能出现的就是恶性循环。

天底下有没有不吵架的兄弟姐妹呢？上一代或许有。也或许是上一代为了养家活口，根本无法注意到这种"小事"吧。我们没有上一代的时空环境，就不该拿"从前父母如何"当借口，再沿用那些不合时宜的做法了。

孩子开始吵架时，父母只需要具备两样东西：耐心，领导力。

耐心不必多，只要比孩子爱吵架的分量多一点就行。孩子如果爱吵架的程度是五分，我们只需要六分的耐心。如果你的运气不错，生到了八分程度爱吵架的孩子？那就只要生出九分的耐心来就好。

父母的耐心愈多，孩子就愈爱吵架？不。孩子爱吵架的程度，与生俱来，因为同住一个屋檐下，又是还未成熟的孩子，怎能不发生冲突呢？但是，父母的耐心愈多，就是手足感情可以愈来愈好的关键，也是他们在经年累月的冲突下，还不伤感情的关键。

手足感情，不像父母爱小孩，不是与生俱来的，它需要大人用耐心来培养。化解孩子间冲突的领导力呢？每个父母都有，只看你有没有耐心拿出来使用。

我家姐姐弟弟在那段时间争得最凶的东西，就是妈妈。争妈妈站在哪一边。我，只站在对的那一边。久而久之，他们吵架有时不想"惊动"妈妈，真的气不过吵到妈妈这里来，我一定会拿出耐心来主持公道。

当他们要我主持公道时，一定都认为自己没错，但你有没有发现，同时间，他们也要有"如果错的是自己，就要认错"的心理准备，对吗？赢得公道，对一个人是多么重要的事。

所以，你还可以对孩子的吵架不理不睬吗？人与人之间没有公道，哪来的感情。

姐姐妹妹、哥哥弟弟、姐姐弟弟、哥哥妹妹，只有四种组合，却可以发展四万种的吵架原因。不是每一种都有解答。但孩子要的不是解答，而是父母的理解。如果是自己错了，他们也希望看到父母对公道的坚定。

你怎么处理手足困境，就是孩子将来怎么处理自己困境的榜样。处理得好不好，不是关键，父母愿不愿意面对，才是。想便宜行事的父母很多，想听天由命的也不少。与其抱怨孩子，不如先改变自己。

孩子有多少事情值得抱怨，就表示，父母有多少事情需要改变。

别把改变的焦点放在孩子身上。只要父母愿意把焦点放在自己身上，老天就能跟你保证事情会朝正向发展。

有时候当父母的，不必想太多，不必为了还没发生的事情担心。育儿生涯岁月里，我总是抱着且战且走的心态。也有许多人觉得，不过就是小孩吵吵架嘛，何必这么紧张。大家似乎都要事情临到自己头上时，才会知道什么叫"如果地上能有个洞钻进去永远也不要出来有多好"。记住，等你有这个念头时，就换个角度想：等孩子不再吵吵闹闹时，你最美好的岁月，也一去不复返了。

这对兄妹，常常吵嘴。妹妹伶牙俐齿，哥哥吵不过，只能生气。父母讨厌看到一直生气的孩子，于是哥哥比妹妹更有机会被大人嫌弃。生气，跟难过、伤心、愤怒、沮丧一样，只是情绪反应，没有对错。高兴、喜悦、兴奋，你可以说它们有错吗？

指责，无法让生气消失。如果希望孩子走出在坏情绪里打转的恶性循环，就要拿出花掉一辈子的耐心存量也在所不惜的决心，帮忙厘清每次生气发生的前因后果——多数时候，孩子要的不是答案，而是理解。

看时机说话

哥哥生气走出商店。我问，怎么了？

刚刚大家有问题问店员，店员说话飞快，说完了大家都不懂他在说什么，妹妹马上接着说哥哥，"你看你也说话太快，别人听不懂吧"。

可见，哥哥平时说话太快，常常被家人纠正。这时候哥哥可以生气吗？

这个情况，如果换成是我家老大生气来告状，我会去跟老二说——

管教孩子是父母的责任，不是兄弟姐妹的；你刚刚纠正哥哥，如果发现对方听了不舒服，下次就不可以再这样说话。提醒，可以是好意，但是也要看时机提醒。看到甲做错什么事，就直接跟乙说你也是这样，不叫好时机。

举例，是容易上手的教养方式。举个例子让老二知道，如果异地而处，别人也在这种时间对你这样说，听了也不会舒服。例如有时候你不高兴的时候会打妈妈大腿，但是当下你没打，可能你也好久没这么做了，结果我们在路上看到有小孩打妈妈，我就马上对你说，"你看，这样不礼貌吧"。如果我这样说，就是错了。不看时机地指责别人，才是不礼貌。

"算了"只能对自己说

哥哥生气走出房间，他没有发作，忍耐着。这次我没开口问他，我听到了全部。

哥哥说要先洗澡，没人有异议。五分钟后，我听到哥哥大喊："喂，是我说要先洗，你怎么先进去？"妹妹也想先洗，她也听到哥哥说要先洗，怎么办？先冲进浴室再说，你能拿我怎么样！哥哥生气大喊，爸爸走过去一看究竟，说："算了，你让妹妹一下吧。"

我家孩子小时候也常常因为鸡毛蒜皮的事吵架，我从来没叫谁让谁一下。事情总有对错，当大人拿"让"出来当理由时，只表示自己没办法处理，或是不想处理。

这个情况，如果换成是我家老大生气来告状，我会去跟老二说——

有人说要先洗澡，如果你也想先洗——当东西只有一个，但双方同时都要时，就要动用轮流机制——昨天谁先洗，今天换另一个。我家孩子有段时间很喜欢争"垃圾"，例如打开包装后的盒子、袋子、绳子等等，两个人都说要，怎么办？更多时候是，原本都没人要，只要一个说要，另一个也跟着要。结果，他们自己达成共识——谁先说要，就是谁的。这个方法也可以换成"谁先说要洗澡，就是谁先洗"。

妹妹一不做二不休先进浴室再说，是不该被鼓励的行为。它是大人长期不帮助孩子厘清事情对错而"鼓励"出来的行为。

故意，是严重的指控

兄妹俩在房间玩乐高。玩着玩着，哥哥又生气了。这回我问妹妹怎么了。

妹妹说："哥哥刚刚问我问题，我不理。"为什么不理？"因为他一直问一直问很烦。后来哥哥把整桶积木小人倒出来，我就用那个桶子装配件，他就生气了。他根本是故意的。"

故意，是严重的指控。我几乎没听我家孩子来告状说谁故意。是不是故意，大多数时候，大人一眼就看得出来，孩子骗不了人。好了，这回，哥哥能生气吗？

首先，别人问话，不能不回答。哥哥问妹妹事情，妹妹不回答，是不礼貌在先。如果是被问得太烦不想再说话呢？可以。你也要先说，"对不起，我现在想一个人，你有问题等等再问我"。

我家孩子有阵子，就是大的开始"转大人"的时候，每当小的到大的房间，就会被赶出来。小时候我们不是房间想来就来想去就去吗？我对小的说："每个人都有权利待在房间里，不让别人进来打扰。"

"可是姐姐赶我出去时，说话好凶。"于是我规定大的，请弟弟出房间时，要有礼貌地说："我想一个人，请你出去一下好吗。"多年后，弟弟回忆当时的情况，"姐姐说是这么说，但语气凶死了。"

我记起来了，弟弟有回生气又来告状，说姐姐请他出去，但很凶，然后我就开姐姐的房门说："姐姐，下次说话要有礼貌。"我没有要"大的让小的"，即使我多希望姐姐在当时可以更疼爱弟弟。因为"让"和"疼爱"都要发自内心，而不是被别人强迫而来的。

手足的吵吵闹闹，长大后一定会变成甜蜜的回忆吗？关键在父母的态度。很多手足间的裂痕，因为父母的偏心而跟着一辈子，一直无法释怀。

回到刚刚的第二个问题。哥哥可不可以因为桶子被挪作他用而生气？

积木配件这么多，表面上，装哪个桶子都一样，妹妹好像没错。我会这样对妹妹说："哥哥的个性，跟你不一样，他对事情的'秩序性'很坚持。"问问心理医生就知道，每个人对每件事情的坚持度，都不相同。有些孩子被大人贴了"固执"的标签，是不公平的，因为他们天生就是在某些事情上"无法容忍秩序被破坏"。或许长大后会渐渐改变，但如果时机还没到，就强迫孩子跟大家一样，那只会让个性上的"弱项"更弱，不会更强。

会引起别人不舒服的事，当然不能继续我行我素。用哪个桶子装东西，对妹妹都一样，但是当对哥哥不一样的时候，就要尊重哥哥的感受。

别找替死鬼结案

哥哥重重地朝妹妹的背打了下去，生气地走出房间。

如果你看到这一幕，马上指责哥哥有错，就是想便宜行事。大人不想帮孩子厘清对错，就跟警察胡乱抓个替死鬼就结案，没有两样。

啪的一声，哥哥打得很大力，我就在旁边，但之前发生了什么事，我也不晓得。不过我知道，哥哥不会无缘无故打妹妹，当时气氛不对，我什么话也没说。但我不该忘了这件事——晚上，大家坐车朝超市前进，嘻嘻笑笑告一段落，我先丢出开场白：

"我可以谈一件比较严肃的事吗？哥哥，你今天下午为什么打妹妹？"

想当然耳，两个人都抢着说。这时候，大人要当自己是指挥交通的警察，拿出权威来，我要哥哥先说。他说："妹妹想要在计算器上按出'（）'的符号，她不会，我要帮她，她就踢我。"

一说到计算器三个字，我记起来了。当时桌上有台工程用的计算器，这种计算器的按键复杂，小孩对它有兴趣很正常。哥哥一说完，妹妹马上抗议："是哥哥先打我，我才踢他。"

哥哥拉长脸开始哀号——这是哥哥的弱项，当他发现被人误会时，会变得很烦躁。如果是被诬陷呢？他会抓狂得连自己都受不了自己。这时候，父母更不可以嫌弃孩子。教养的工作，就是帮助孩子在离家独立前，让人格发展得愈成熟愈好。父母的嫌弃，只会让孩子更不成熟。况且，当下的问题，不该因"脸色好坏"这种事失了焦点。

我对哥哥的哀号，没有嫌弃，却有怜悯。而且我担心，没有大人的帮忙，一旦人格塑型期过了，更难改变。但是此刻，兄妹俩已经吵了起来，哥哥说妹妹先踢他，妹妹说是因为哥哥先打她，她才踢回去。我又没录像存证，怎么办？

大人要先冷静。请注意，小孩的争执，不会太难厘清。如果时间久远，可能较困难，但是孩子吵架，常常是一分钟都不能等，就希望有人来帮助自己讨公道，时间不会久到难以厘清。

我问："谁先拿到计算器的？"

妹妹说："我。然后哥哥抢走，不还我。"

哥哥说："她不会按，我要帮她。"

我马上有了全貌。我对妹妹说："哥哥抢你东西，又不还你，你才踢他，对不对？"这里还隐藏了一个更大的问题，但我选择先跳过。

我对哥哥说："你想帮妹妹，但是帮忙前，要先问她，她愿意把计算器交给你才行。千万不可以动手抢。"

问题好像解决了？没有。

我对妹妹说："你原来一点错都没有。哥哥抢你东西不还，他全错。但你接着人身攻击，你们变成各错一半。下次千万不要用暴力，谁用了暴力，谁就是输家。"

我家姐弟从小，不动手抢东西，也不动手打架。可能有一两次吧，年龄都不超过五岁。当第一次发生时，我会把"不可以动手"这件事，简化成小小孩版本，跟他们说道理。所以他们很清楚，冲突再高，父母都可以忍受，但先动手的，永远赢不了。

讨论完毕，车上有十秒钟的寂静。那是一种肃穆。我心里有种笃定，在说道理下长大的孩子，同样的错一犯再犯的概率，少得多。如果你家孩子一犯再犯，可能代表了一件事：父母需要先改变自己。

p.s.

那个我先跳过没讨论的，是什么呢？

妹妹明明知道踢人不对，为了逃避责难，她选择说谎。她说是哥哥先打她，其实不是。为什么不能说谎？请参考《管教啊，管教》（长江文艺出版社2017年1月第1版，第247页）。"你不是故意的，你为了想救自己，脱口而出，对吗？"用同理心说理，才是王道。"宁愿被罚，也不要说谎。"纸包不住火，被揭穿的同时，人格也等同于扫地了。

赌气行为怎么来的

看电影时间。哥哥说要看A，妹妹说要看B。屏幕只有一个，两人吵了起来。

这不是他们第一次吵这种事。轮流嘛，最简单又没有争议的解决方式，为什么反复发生？因为父母没有拿出坚定的态度来规范孩子。早在第一次发生的时候，父母就要把相处规则说清楚。

因为离上床睡觉时间不远，两人争执不下的时候，妹妹说："再这样，时间都被吵光了。"哥哥马上心软，说算了，让妹妹。看样子是皆大欢喜，对我来说，不是。因为哥哥是带着无奈的神情说的嘴里还反复念着"为什么每次都是我让"。旁边的大人没说一句话，的确是他自己放弃的。

只要让我看到这一幕，我无法当作没看到。我会把两人都叫到面前，先问妹妹，哥哥不想看A，为什么要听你的。妹妹会说，哥哥自己说好的。我会再问妹妹，哥哥让你，你心里有感谢吗？显然没有。

只要父母不处理，久而久之，妹妹会养成习惯欺负哥哥，哥哥会养成习惯不帮自己争取该有的权利。所以，不要把手足小事还需要父母处理，当成是吃饱太闲。父母最大的功能，是引导孩子的思想愈来愈成熟。当我们帮孩子厘清事情的对错时，也同时交给了孩子一些做人的道理。

"既然你们从前没有轮流的习惯，今天晚上就猜拳决定，赢的可以选看A还是B，好不好？"问题马上来了——这回换妹妹不肯了。她说，猜输了我就不看。但哥哥不喜欢没有妹妹，自己一个人看电影，这下又该怎么办？

千万不要在这个时候批评妹妹。"一开始就说好要一起看电影，所以你们必须选一部猜拳输了，也愿意一起看的。快去选。"这是我的做法。咦？这样猜拳要做什么？别怕，小孩没这么细心，当父母愿意拿出耐心来处理纷争时，小孩同时也会知道，他们的纷争有多"复杂"。

妹妹说猜输了就不看，为什么不让她自作自受呢？大家都在看电影她没得看，不是自找的吗？因为她错误的态度，不是天生的，而是父母长期没注意的结果。明明知道孩子的行为是在赌气，大人就要引导孩子往不赌气的方向走，而不是以为不理不睬，孩子就会自己改变。最后你会发现，只要父母有耐心面对孩子的问题，即使最后还是有一个孩子要退让，至少，这个退让是心甘情愿的。

孩子之间的相亲相爱，是互相尊重的，而不是互占便宜的结果。有段时间，我家弟弟大约四岁的时候，他皮肤过敏得厉害，验血说不能吃麦制品。平时还好，到了餐厅，最后要上甜点蛋糕时，全家都能吃，只有他不能。大人没问题，就配合也不吃，但六岁的姐姐呢？她不常有蛋糕吃，怎么办？我用同理心跟姐姐说明，"让弟弟看我们吃蛋糕，他心里会难过，我们统统不要吃，好不好？"她一点困难也没地点头说好。没想到，餐桌上另一头的弟弟听到了，竟然大义凛然地说："没关系，让姐姐吃。"最后姐姐有没有吃呢？应该是有。既然弟弟这么勇敢，我们就要成全他。

玩闹，还是不友爱

这对兄妹的相处情况，我一直以为多半是哥哥被欺负。有一天，我突然问妹妹，哥哥会不会欺负你。她气鼓鼓地说：

"每次我在睡觉，他会故意叫醒我，看我醒了，还在一边笑得好开心。"

我不信，马上问一旁的哥哥："真有其事？"哥哥开始辩解。我问："那是起床时间，有人请你来叫妹妹起床吗？"妹妹抢答，不是。我问哥哥："你只是叫着好玩的？"显然是。令人纳闷的是，这种不礼貌的行为，父母要阻断简直易如反掌，为什么却没人管理，让它一年复一年地上演呢？

因为父母觉得那是小事，无伤大雅。如果是小事，为什么妹妹耿耿于怀？

手足间到底是玩闹，还是不友爱，怎么区分？如果有一方不喜欢、不高兴，另一方还要我行我素，就是不友爱。我知道孩子间不礼貌、不友爱的行为，也都不是大事，但累积起来，就是下一个冲突的导火线。父母看到一件不礼貌的事，就要斩断一件。不必当大事处理，但严肃地告诉犯错的孩子，下次不可以，他们下次就不会这么做了。不过我想提醒你，总共有一百件需要斩断，还有九十九件等着你喔。

打小报告

妹妹走进客厅大声告状："哥哥把麦克风弄坏了。"哥哥跟着后面出来，大声争辩外，又生气了。

那是我从前演讲的工具，兄妹知道我愿意借给他们，乐坏了，小孩都喜欢玩老师学生的把戏。如果真是哥哥弄坏的，生气的应该是我吧。

手足间的问题，常常不在表面。那是我借给你们俩的东西，现在东西坏了，妹妹没有直接对我说，她大声嚷嚷的背后，只是生气哥哥乱拆，把心爱的东西弄坏了；出来告状让他被骂，就是出气。

结果麦克风没坏，只是电池装反了。发现哥哥不小心弄坏了别人的东西，不是应该一起帮哥哥想办法吗？大声嚷嚷谁闯祸了，是不礼貌的行为。

如果麦克风真的坏了呢？也该是哥哥自己出来承认，轮不到别人说话。很多孩子习惯跟父母打小报告，弄得父母不胜其扰，其实那是父母没跟孩子厘清每件事情对错的结果。明白地跟孩子说："打小报告，人与人之间的信任就不见了。这件事不能做。你和哥哥之间的信任，比什么都重要。"

如果是父母发现麦克风坏了，但哥哥不承认呢？那是说谎，妹妹就有义务说出真相，不然就变成狼狈为奸了。

感情的基础

妹妹手上的矿泉水瓶，哥哥一把抢下。在妹妹正要伸手抢回去的同时，我说，"停"。妹妹住手了。

我问哥哥："你为什么抢？"

哥哥说，妹妹要把瓶子弄破一个洞。我说，那是我买给妹妹的，她有权处置她的瓶子。大家都知道，矿泉水瓶，没有要保存完好的必要性。于是哥哥把水瓶还给了妹妹。

接着，我问妹妹："你要把瓶子弄破一个洞做什么？"哥哥抢着说，她要把水从旁边挤出来玩。

我对妹妹说："你哥哥不是不让你玩，他的个性，看不得好好的东西被破坏，看了会很不舒服、很难过。所以你想这样玩，可以，请到浴室去玩，别让哥哥难过。"互相体谅，是感情的基础。

最后，我对哥哥说："看到不喜欢的事情，如果事情又不归你管，你的选择不多，最简单的就是走开。"心里如果难受，可以来找爸爸妈妈说一说。

一件一件来

哥哥气冲冲地来跟妈妈告状妹妹，话还没说完，妈妈扭头就走。妈妈说，哥哥说话的态度太差，我不想听。

"等你态度好了，再来跟我说话。"父母常常这样教训孩子。原本孩子是一件事还没解决，这时候父母又加了另一件事进来搅局。失焦的结果，就是连最初的事情也草草了结。为什么父母不能先不管孩子的态度如何，先帮孩子解决问题，事后再来好好跟孩子讨论态度问题呢。

当个仲裁者，第一要务是，把事情尽量简单化。如果孩子丢出来的问题太复杂，父母需要快速地把一个大问题，分割成几个小问题，而不是自己又加了更多问题进来。

老大来告状，先听老大说，不论他说话的语气有多坏，这个问题先放一边，如果老二抢着说，要请老二先等等。每个人都有说话的权利，但前提是，别人正在说话，你要有等待的能力。

后记

汪老师，我们家哥哥五岁半，一天好几次，每天都会发生，最常犯的是：哥哥故意讲弟弟不喜欢听的话，刺激他。我提醒他这样不好，而且彼此互相影响，变成恶性循环。最后身为教养者，也渐渐感到无力和极大的挫折感。

乍听之下，手足纷争，似乎无解。那股挫折和无力感，很多父母都能感同身受。

你不是说孩子犯错，要好好说道理吗？我有好好说，但是孩子依然我行我素，怎么办？打一顿又说不行，那不是要逼死父母吗？

前天我参加了一个讲座，主讲者是亲子作家，主题是手足问题。每位父母说出来的问题，听了让人头皮发麻，让人不敢相信天底下有这么可恶的小孩。讲师说的方法，听起来很棒，棒得无懈可击，好像只要跟着做就天下太平了。

听到最后，我却发现了一个"破绽"：孩子的问题，都不是一天两天的事，但是每个孩子的一开始，都不是这么可恶的。请问，那些"可恶"是怎么愈滚愈大的？滚一天，大一寸，滚两天，大两寸，最后是谁坐视让它们滚到不可收拾，滚到父母沮丧得想要放弃算了。

如果在问题最小的时候，父母都没耐心花时间去解决，等问题大上了天，再告知什么什么方法有用，你觉得成功的概率有多大？再好的方法，要愿意花时间去实现，才有用。

"哥哥故意讲弟弟不喜欢听的话，刺激他。"任哪个父母看见，都会觉得孩子好可恶，怎么如此不善良。"一天好几次，每天都会发生。"我怎么这么倒霉，生了这么不受教的孩子。

我的疑问是：在哥哥第一次对弟弟说话难听的时候，你是怎么处理的？第一次，我会好好跟哥哥说道理："不好听的话，对谁都不可以说。因为，你也不希望听到别人这样对你说，是不是？"

第二次，又犯了。我会变得比较严肃，但还是好好说："我认为你不是故意的。我知道你以后会更小心。别担心，妈妈会帮你改掉这个坏习惯。"

只要父母拿出诚意来，相信孩子会改变，坏习惯通常在此就打住了。

我最爱的人，这么信任我，我怎么能让他失望呢？这是人性吧。所以"一天好几次，每天都会发生"的情况，是怎么来的？

因为，父母在一开始，没认真处理问题。放下手边的工作，看着孩子的眼睛，慢慢地把道理说给孩子听，你有这样做吗？你有不成功绝不罢手的决心吗？

为什么我不赞成打孩子？因为打最快。那个方法最不花时间，但是最难成功的。现在打孩子的父母少多了，但是把"骂孩子当管教方式"的，还有很多。当哥哥第一次对弟弟说不好听的话时，你能忍住不骂孩子，还愿意好好说，才是止住问题的关键。问题小的时候，需要的耐心也最少，这时候都不处理，等问题大了，你要从哪生出耐心来呢？

当下次哥哥又说难听的话刺激弟弟时——不要骂、不要给脸色、不要给失望表情——这本书序文里的方法也适用，把哥哥抱进你的怀里（不管几岁的孩子，都需要拥抱），当成他第一次犯错，好好地跟他说说"为什么不能说难听的话"。

哥哥本来就很容易惹恼我，我很难对他语气好。我们怎么不断提醒也不见改善，还能怎么做？""我家姐姐也是说话难听，她就是很气妹妹出生，抢了所有人的目光。

哎呀，家里说话最难听的，是大人哪！是大人先惹恼小孩，小孩只是如数奉还而已。如果有个讲座是帮小孩开的，你会发现，让人头皮发麻的父母，会比孩子多上好几倍。一定的。

培养感情，要花时间。教养小孩，要花时间。想要成功，要花时间。没有例外。

你一定要相信这件事：父母对孩子的信心，才是教好孩子的保证。每一个孩子都是好孩子，只要相信他是好孩子，他就一定会如你所愿。每天，请在孩子睡着的时候，走到床边，看着那张小脸蛋对自己说："天底下像你这么可爱的孩子要去哪里找！"

原来，手足问题如此"变化多端"。

十八个别人家的问题，

或许可以让你找到自己的答案。

请先回答这一题：有人说，问题不在孩子身上。

那么，是在谁身上呢？

PART 3

我家问题
在这里

杀红了眼

老大三岁半、老二不到两岁，玩具、故事书很多，但总是抢同一个。哥哥会大力推妹妹，妹妹会咬哥哥……好好说还是无法制止，尤其是在当下，两个简直是杀红了眼。

?

我家孩子，从来不动手抢东西，因为动手抢的那个，不只没得玩，还得听妈妈说道理。如果是你，你会动手抢吗？

"可是两岁听不懂啊。"

当你觉得小孩太小听不懂时，他们会一路听不懂你在说什么，直到离家为止。当你觉得再小的孩子都听得懂时，六个月的小婴儿就听得懂人话了，甚至更小。

关键不在于孩子有多大，而在于父母相信什么。

跟这么小的孩子说道理，千万不要凶，语气要尽量缓和。"哥哥还在看这本书，你不可以抢，要等哥哥看完，你再看。"

万一是妹妹拿了哥哥的玩具呢？"妹妹不知道那是你的。你要不要去跟妹妹好好说说看，如果她还是不给你，妈妈再帮你跟妹妹说，好不好？"

好了，哥哥去跟妹妹说了，但妹妹不放手。这时候，我真的会去再跟妹妹说一次。而且我一定会成功。因为，我准备了三十分钟，我会把三句话的道理，用三十种组合，反复对妹妹说，直到妹妹把玩具还给哥哥。

只要你保证有三十分钟的耐心，我就敢跟你保证，不出十分钟，你就会成功。天啊，玩具这么多，我不放弃就是自找罪受。

别让三姑六婆决定你的生活方式

老大两岁半，还有个在肚子里的三个月。我们一家三口睡一间房，宝贝的单人床就紧靠在我们的床边。一直有人提醒我，该让儿子有个自己的房间让他学会独立，以后才会懂得照顾小的，而不是和小的争宠。身边的长辈也不断提醒，不要再抱他了，这样很危险。我该怎么办？

第一，"独立"跟"分开睡"，没有绝对的关系。我家姐姐跟我睡到小学一年级，现在，简直可以说独立过了头呢。

第二，"独立"和"将来会照顾小的，不会跟小的争宠"也没有关系。三姑六婆很会混淆视听呢。

第三，谁敢来跟我说"不要再抱老大了"，我就跟谁翻脸。就是因为有这种思维，老大才更容易跟小的争宠。那，小孩可以抱到什么时候？抱到你的手吃不消的时候。

听这些三姑六婆的话，才真的叫危险。要不要让小孩独立睡一间房，跟上述的原因都无关。对我来说，"让小孩独立睡觉，父母才能睡得好"，原因就这么简单。

不过如果时光倒回，我会让孩子一出生就分房睡，因为之后要改，对多数孩子来说，困难度很高。

有没有发现一件事？三姑六婆之所以影响我们的生活，不是因为她们难缠，而是自己的思想不坚定，才会被这些不合时宜的传统观念所钳制。当问题发生时，就是父母展现同理心的时候。你自己喜欢如何被对待呢？你喜欢被宠爱的感觉，因为弟弟妹妹出生而消失吗？你喜欢妈妈听了别人的话，就减少抱你、爱你吗？

嫉妒

我们家有一对双生兄妹。妹妹学习表现比较好，哥哥常常嫉妒，甚至难过到哭。这情况日后一定会陆续发生，该如何处理？

?

手足争宠，跟双生无关。大有差上五岁的，争宠照样发生。问题不在孩子，先检视家中环境里，有没有喜欢"挑拨离间"的大人？

只要孩子周围没有这样的亲人，争宠情况就会好得多。

有时候大人不是故意的，只是人际智商太低，总以为小孩是呆瓜，说话毫无顾忌。这种大人多不胜数，他们才是教养上最大的乱源。当着老大的面说老二多可爱，老大可能还天真地问："我呢？"大人却不知天高地厚地继续胡乱开玩笑："你丑死了，一点也不可爱。"

在姐姐弟弟学龄前，如果我想赞美其中一个，会先注意另一个在哪里。如果不是两个一起赞美，我的语气会比较"云淡风轻"。小小孩想讨父母喜欢，是天性，不要因为赞美其中一个小孩，而让另一个小孩难过，是家庭里每个大人都要注意的事。

例如老大天生会读书，老二年纪较小，更是无法追上老大。或是老二个性活泼外向，老大偏偏较文静，这时候在社交上就会看出高下。不过，每个人都有自己的优势，父母可以帮孩子发掘，例如：学业上还不突出的老二，可能是妈妈在厨房里的超级小帮手；或是在社交上不突出的老大，在遇到困难时，却镇定不慌张。每个孩子都有其独特的地方，发掘它们，并且发自内心地欣赏它们。只要你被肯定得够多，自然就不会去嫉妒别人了。

我家姐姐弟弟有没有嫉妒问题？我察觉不到。但我不是当事人，问我不准。反倒是他们都大了，另一半却开口提醒我：逛街买东西，不能老买给其中一个，只因为另一个已经很喜欢买东西了。我说："因为两个都需要父母的关怀，对吗？"

没有正面功能

手足不能当榜样吗？榜样，不是经旁人提醒来的，它必须经由自省而发觉。"妈妈说他这么聪明，只是凸显我很笨。"人一旦被比较，只会聚焦在"自己不如人"和"他凭什么比我好"，很难生出"谁是榜样"的正面情绪。你能吗？

我约束自己不这么做的那股动力来自我害怕，我怕滋养了手足之间的嫉妒。"什么都是弟弟好，我知道他是你的最爱，看我还不找机会修理他。"

现代父母知道，别在手足之间做比较。如果你说没有，可能不算数，要问问周围的亲人和旁观者比较准。当大人在紧急、沮丧、灰心、难过，甚至高兴时，都可能忍不住这么做。"为什么慢吞吞，让全家等你一个，看你弟十分钟前就好了。"有时候是夸赞，也忍不住要比较，"弟弟最健康了，什么都吃，不像你这么挑嘴"。有时候是兴奋，也忍不住要比较，"你竟然两分钟就想到答案，你姐想了一小时还没想出来"。

另一种比较，是隐性的，更难被发现。父母会不自觉地给孩子不同的"批注"——这个姐姐从小最被称赞的一件事，就是把弟弟当自己孩子照顾。你以为她喜欢吗？那难道不是一种压力？如果弟弟没被照顾好，是我的责任吗？家里的其他手足没有被这样"批注"，到底是该感到庆幸还是难过呢？

"我这个女儿最孝顺了。"这是多数成年孩子不愿意听到的"批注"。我对谁好，是我的自由，为的不是夸奖。其他手足听到了，又是该感到庆幸还是难过呢？

每个孩子都是独立的个体。不论是纠正，还是勉励，把焦点放在事情上，不要拉别的孩子来帮腔。我们可以明确地描述，什么地方要改进，什么事让我们好高兴，你这么说别人听了会难过，你做了什么让我们轻松不少。例如上学要准时，吃东西均衡让我好高兴，说话不礼貌会让别人心情沮丧，你总是顾好自己的功课让爸妈从来不担心……不要牵扯手足进来。

这是个错误，等弟弟够强壮的时候，我才戒除。原本我不知道为什么这样，现在却有点明白了。一开始姐姐提出来的时候，还是小学年纪，我的错误却一直持续到他们青少年时期，就是弟弟犯了什么错，我在跟弟弟说道理的时候，不会用"你"当主词，却用"你们"。姐姐纠正我，当下我会马上改口。但这些年，我至少听过不下十次，姐姐抗议："为什么说你们？我又没怎样。"对啊，为什么？弟弟年纪比较小，难堪情绪的负荷力没有老大好，主词拉姐姐一起，对弟弟的冲击力比较小——这是我对自己的分析。姐姐抗议后有因此说我偏心吗？没有。如果她当时能继续追问，我一定会提早分析内心深处的想法，分享让她知道。还好那段时间已经过了，我说过几次，就欠了姐姐几次对不起。

p.s.

现在，弟弟老早比姐姐高、比姐姐壮了。就在昨天，姐姐闹钟没响错过考试，弟弟就站在旁边，我心一急，想快点提醒姐姐别再犯，开口说主词又是："你们——"还没等我说第三个字，弟弟大喊："我又没有。"呵呵，现在轮到你还姐姐这份人情了。

单独

我家兄妹俩感情一直不错，总是形影不离。我是家庭主妇，出门总是三人行。最近要出门，哥哥问我可不可以不要带妹妹？

?

这是我也疏忽过的问题。直到那一年，姐姐大约小学二年级，有天下午我要出门到超市买鸡蛋，不是什么有趣的行程，但孩子在某个年纪前，是不管妈妈要去哪都爱跟的。当时弟弟好像正在跟奶奶下棋，才没跟来。绝无仅有的情况下，只有我跟姐姐出门了。一出门才没走多远，姐姐说："妈妈，我好喜欢一个人跟你出来。"那种喜悦，好像是等待多年的礼物，终于拿到手了。

为什么不喜欢弟弟一起？当时我没问。因为孩子太小，很难把这种问题回答得清楚。如果问，会不会让孩子以为自己做错了什么事？又是好多年后，姐姐已经超过十二岁了，当她又清楚地表示好喜欢单独跟妈妈出门喝下午茶时，我才把问题丢给她。她说："弟弟在，很多话都不能说。"没错。而且妈妈的心思也要分给两个人；当你发现父母忙得很时，很多话就找不到机会说了。

后来我才知道这个教养概念：父母要留单独的时间给个别的小孩。例如妈妈带姐姐去看话剧，爸爸可以带弟弟去公园踢球。或是，爸爸带姐姐去参加同学的生日会，妈妈可以带弟弟去吃冰激凌。

　　另外一点也是我的疏忽，但弥补的机会已经过了——我太少让先生单独跟姐姐弟弟相处了。不是我陪孩子，就是我和先生一起陪孩子。先生几乎没机会单独跟孩子一起。等姐姐弟弟长大了，我才发现，感情要靠时间培养，尤其是单独在一起的相处时间。我还记得当时弟弟才三岁吧，白天他拼纸片小汽车拼不好，我说等爸爸下班回来帮你。那天爸爸坐上餐桌，还没开始吃，就认真地帮弟弟拼小汽车。弟弟小小的身影，依偎在爸爸旁边，专心看着爸爸拼小汽车的眼神，应该就叫幸福吧。有天我回忆这件事，弟弟竟然记得那一天，他说："因为驾驶舱太小，纸片太硬，爸爸怎么样都做不好有棱有角的驾驶舱屋顶，最后没办法还给我，说只能这样。"呵呵，这算美好的回忆吗？

　　又有一回，弟弟已经十多岁了，有天他的计算机怪怪的，拿给爸爸看，弟弟说："当我正要跟爸爸说不要乱打时，爸爸就往我的计算机上乱敲一通，我看出他这样修电视，结果敲完也没好，又还给我，说只能这样。"呵呵，这个爸爸啊，给你机会只会搞砸，也怪不了我了。

　　原本，我是一个爱黏着先生的太太，如果先生要开车送姐姐弟弟去上学，我都会跟着一起去。现在，我会故意不跟，让他们有更多独处的时间。虽然有点迟了，但只要开始，永远不嫌晚才对。

没有最爱

不知道为什么，我觉得比较爱其中一个孩子，你会这样吗？

　　不会。如果你真的这样觉得，也不要说出来。因为你可能只是误会自己。不可以拿手足的优缺点出来比较，已经是父母的最基本守则了。"最爱谁"，答案就是一样爱。原本我以为是天条，不过我错了，面对这种问题，我们应该强调孩子的独特性，例如你每次都会说笑话让我笑不停，才是孩子想听的答案。把你心里对孩子的独特感受说出来，更符合人性。

　　但是，我也不该否认你的感觉，你的"比较爱"或许可以这样解读：老虎妈妈也不会偏爱任何一只小老虎，人类也一样。但是人与人之间，还有缘分。可能你与其中一个孩子的共通点比较多，例如你们都爱煮东西烤饼干做甜点；或是，你与另一个孩子的互补点比较多，例如你一直希望自己有高学历，这个孩子在学业上更在行。所以你以为你最爱的，可能是他在某方面更让你喜欢，并不表示你比较不爱其他孩子。

父母最重要的工作，是让孩子感觉被爱。欣赏每个孩子的独特性，就是爱。

　　为什么有的手足间存在嫉妒，最常见的表象就是怀疑父母不公平。父母不要把焦点集中在公不公平上，除非是机器人，不然很难做到公平。我们要欣赏每个孩子与别人不同的地方——例如姐姐太爱哭但是有爱心，弟弟太胆小但是很细心——也让孩子知道，每个人的需求不一样。这样因为嫉妒而衍生出的不公平问题，就会小得多了才对。

　　孩子只会跟着父母一段时间，时间到了就会分道扬镳，"最不最爱"不是需要忧虑的问题。感情的培养，要花时间，如果缘分不够，时间可以弥补。

　　如果父母没有偏心，但孩子却抱怨呢？例如我家姐姐说我比较爱弟弟。我会先关心："你为什么这样觉得？"等她说出理由后，例如"你给弟弟的中文功课比较少"，我就会解释"因为弟弟拿笔的小肌肉还不强壮"。小孩可能会不自觉地去寻找父母比较爱谁的证据，别怕，没有就是没有。你找出一个，我就好好跟你解释一个，你找得出一百个，我就能好好地跟你解释一百个。耐心，就是你爱孩子的最好证明。

激将法

两岁的老二抢四岁老大的玩具。妈妈对老二说，你要借哥哥的玩具，要先问。弟弟一问，哥哥却说我还要玩很久。妈妈带着老二离开，说，哥哥不借你，妈妈带你去找更好玩的。

?

妈妈想教老大分享的道理，但是，激将法不适合身心都还没成熟的儿童。分享要发自内心。怎么让人发自内心？

大人先要同理老大心里的感受：他不喜欢有人抢他的东西。对方抢不过，又有人帮着要他分享，这不是摆明着换种方式来抢吗？通常父母只想着快点解决眼前的难题，却不管孩子内心的感受。继续使用激将法，只会让教养愈走愈偏。

首先，说弟弟动手抢东西不对。哥哥要玩很久，马上转头跟弟弟说，我们要等哥哥。哥哥还没玩够，你要等他。"哥哥什么时候玩好？"弟弟，你不可以一直问。一直问，不礼貌。等哥哥玩好，他自己会拿给你。

如果弟弟大哭呢？先带哥哥离开，再回头去安抚弟弟。意思是，吵闹不讲道理的老二，是妈妈的责任，不是哥哥的。为什么不直接把弟弟抱离开就好？因为两个孩子都还小，父母离开的举动，可能让哥哥误会那是他不友爱、不愿意分享的处罚。每个人都有不被打扰的权利，包括孩子。

"如果哥哥故意拖延，弟弟不是被欺负吗？"故意拖延，不好。但哥哥原本在玩，突然被打断，又被打扰，如果是你，你还有心情继续玩吗？为什么要故意？不是因为大人老是用"大的让小的"来解决纷争，哥哥干吗要故意？所以当发现孩子"故意"做什么来惹恼别人时，就是父母必须把矛头指向自己的时候。就算哥哥要玩很久，弟弟也不算被欺负。请注意，一开始是弟弟要去抢哥哥的玩具喔。

另外，如果角色对调，是哥哥去抢弟弟的玩具呢？你还会用相同的思维处理吗？我常常提醒，"老大更需要爱"，也跟这个盲点有关。事实上，不管角色如何对调，正确的管教观念，永远不会跟着改变才对。

如果大人一开始就尊重被骚扰的当事人，常常事情就往正向发展了。当弟弟抢哥哥东西时，父母脑袋里第一蹦出来的应该是，"怎么帮哥哥解决问题，而不是帮自己"。你信不信，你先顾着哥哥，哥哥就会主动去顾着弟弟了。

不归你管

我家老大，会自动去管小的。刚好小的，又不想听大的，这时候，老大会变得很生气。

?

我会这样跟老大说，你关心弟弟很好，但是，管理弟弟的责任是妈妈的，除非他有立即性的危险。你说的话他如果不听，来通知妈妈就好，妈妈会负责教他。

这个才小一的哥哥要教弟弟用注音写名字，弟弟不肯学，哥哥急了就出手打他。弟弟不肯学有他的原因，哥哥心急出手也值得原谅。哥哥只是一时不知道怎么面对"不肯听话的小孩"而已。

不过这样的戏码可能一再上演，只是每次的剧情不一样。有时候是弟弟太皮，哥哥看不顺眼，弟弟又讲不听，最后被气死的就是老大。

好好跟老大说，小孩归爸爸妈妈管，觉得弟弟"行事不妥"

时，不必强硬介入，找大人帮忙就好。不然老大老是被气得半死，父母如果不引导，他的个性就可能会被"卡"得更死。

　　自从生了老二后，我就发觉自己对很多传统观念不买单，例如，姐姐要照顾弟弟，妹妹要听哥哥的。我以为，这些事情无关紧要，只是我的个人观点，现在才发现它的必要性：当手足的地位有高有低、有强有弱，谁有专门的权利，谁又有一定的义务，这些"理所当然"，反而可能引发手足的不平。因为现在孩子年龄差距小，又是同辈，哪来权利义务的不同呢。给你们相同的地位，也表示给你们相同的标准，这样事情反而单纯。愈单纯的规则，孩子遵守起来也会舒服许多。

给个理由

八岁的妹妹，爱捉弄十岁的姐姐，说也说不听。每次都要弄得鸡飞狗跳收场。

?

亲姐妹可以通融？对，也不对。

捉弄，就算是开开玩笑，也是有限度的，如果是亲姐妹，更要拿捏尺度。朋友可以选，不喜欢可以走人；手足没得选，处不来还是要经年累月在同一个屋檐下。

如果姐姐因为被捉弄而变得愈来愈毛躁、激动、反骨，就该叫妹妹停手了。即使妹妹没有恶意，也要停手。

光叫妹妹不要捉弄，还不够，最好再给她一个理由。"常常让姐姐气呼呼的，对她是一种伤害。"什么伤害？

有人的个性，因为你的行为而改变，而且不是好的改变，是不是都可以称为伤害呢？或是换个角度说：在学校里，如果也有同学这样捉弄姐姐，你的感觉也不会好。

　　妹妹并不知道自己会对姐姐造成伤害，如果了解，一定是会停手的。但是大人要说清楚，等小孩自己发现，通常都太迟了。等太迟的时候，对妹妹也算是伤害。谁不想当好人，这种始作俑者的位子，没人爱。

好自私

我有两个小孩，姐姐四岁，弟弟一岁，我发现姐姐对弟弟很不大方，但是对别人却好大方。我觉得姐姐好自私，为什么会这个样子？

哎呀，当父母心里对孩子有这样的想法时，很可能忍不住在言行上就表现出来了。即使姐姐只有四岁，当她听到父母这样想自己时，心里一定难过死了。她甚至不需要完全明白自私是什么意思。

自私，是人的天性之一。只是大人透过教育，慢慢学习到"对自己好"是要被道德规范的。当你的自私伤害到别人的情感、利益时，是会受到谴责的；这个谴责不光来自别人，也可能来自自己。

那一年我家姐姐才小二，弟弟幼儿园大班。有一天姐姐放学后很兴奋地拿出自己仅有的二十元"存款"说，明天学校举行二手物慈善大甩卖，她要去买什么什么，但又担心自己的钱不够用。说时迟那时快，弟弟大方地将自己全部的财产（十元）双上奉上，意思是，送给你。姐姐当然更高兴了，感激之余，弟弟好像突然想起什么似的，说："姐姐，如果你看到什么我也喜欢的，可以帮我买一个吗？"姐姐的感激应该还没消退吧，但是她却说："钱可能不够，可能没办法买给你喔。"

天啊，当时我在旁边，马上大叫了一声"姐姐"，姐姐并不知道我为什么喊得这么大声，更可笑的是，弟弟也不知道。接着我可能说的是："姐姐，弟弟刚刚才把自己的钱都给你哪。"其他的话都不用说了，他俩都应该明白了。可是你知道弟弟怎么响应吗？他马上帮姐姐说话："没关系。我的钱给她就是她的，反正我也不需要。"

手足之间，大的会占小的便宜，是暂时现象。只要双方是你情我愿，无伤大雅，父母不需要太帮小的抱不平。那阵子姐弟俩还喜欢玩"卖东西"的游戏——双方将自己的玩具排排好，举行大甩卖——你冷眼旁观就会发现，卖到最后，小的都在"被骗"而已。有一回我又鸡婆提醒弟弟卖得太便宜了，结果他说："妈妈，你不要管，我们就是喜欢这样子玩。"翻成大白话就是：我心甘情愿被骗，关你屁事，你闪开啦。

事隔多年后，弟弟终于"觉悟"了，说出当年自己更多被骗的事迹来。刚觉悟的那一年，弟弟可能觉得姐姐当年的行为还是有些"可耻"，但是姐姐早已经不是那个当年会使小诈骗弟弟的姐姐了。现在，这些可能引起公愤的戏码，却变成他们甜蜜的回忆。

　　如果你的小孩做得太过火了呢？也不要用"太自私"这样强烈的字眼说孩子。轻声好好说，孩子听得懂，也听得进去的。有时候冷眼旁观就好，孩子自己会慢慢学会如何不要再被骗了。

永远的朋友

当初生老二的时候，你有希望过，手足能成为最好的朋友吗？

?

没有。一点也没有。我会想，即使是跟我不投缘的人，也会有他们自己投缘的朋友，所以我没有理出帮孩子决定，谁是他们永远的朋友，更何况是最好的朋友。

如果你爱做做白日梦无妨，如果是当成育儿的目标，就是没事找事做了。手足相亲的时候，你会觉得自己是个好妈妈，等手足吵闹的时候，你又会懊恼他们离你的目标愈来愈远。所以你的情绪一定会像坐过山车，每天上上下下好几回。这些不切实际的愿望，最好尽快赶出你的脑袋。

看到手足相亲相爱，我们当然会觉得欣慰。那年弟弟小五了，他的校车比姐姐的先到家，回家后发现冰箱有一瓶养乐多。我们家很少出现这种饮料，他好开心，喝得津津有味。200毫升这么小瓶，他却喝到一半就停。"我要带去楼下等姐姐的校车。"他拿着剩一半的养乐多，下楼去迎接姐姐了。我在八楼的距离外，看着他坐在路边长椅上，一看到姐姐下车，马上献上最珍贵的半瓶养乐多。呵呵，别人还以为我们家多穷呢。

"手足不和睦的时候呢？"父母只需要把焦点放在做人的道理上。例如说话脸色难看、语气凶恶，不管你的理由有多站得住脚，就是错了。见过不少孩子，对家里的大人说话，都是不礼貌得令人不敢目睹。让孩子学会做人的道理，就是我当妈妈最大的目标。

相亲相爱看缘分

谁谁谁老是欺负我的小孩。我可不可以将他们隔离开来，尽量避不见面？

?

大人之间有缘分，小孩之间也有。它可以用"缘分"解释，也可以用"气味相不相投"解释。

一大家族的人在一起，堂兄弟可能有缘分，表姐妹可能没有。学龄前的孩子，通常不管这些，有伴可以一起玩就很高兴了。但因为年纪的差别，或是个性、父母教育方式的不同，孩子还不介意呢，大人就介意了起来。

五岁的偷偷欺负三岁的，不顺心就对他吐口水……有时候，这只是过渡期，因为如果持续这么恶劣，不需要你出面，孩子就会来跟你说，不要跟对方在一起了。如果孩子还不介意，就表示还没严重到要"隔离"。

很多时候，大人没发现，自己不顺眼的不是可恶的小孩，而是家族里的某些大人，或是整个家族加在自己身上的压力。刚好小孩间有摩擦，就变成了大人想要隔离的借口。隔离了小孩，就等于是隔离了大人。

"如果我不喜欢这个小孩的人品呢？可不可以尽量不要接触？"不同的家庭教育，原本就会养出不同人格的小孩。"如果有一个小孩会偷窃、说谎、耍诈、恶意伤害……你会让自己的小孩跟这样的人在一起吗？"

不会。这应该是答案才对。但是，你有没有想过，这些小孩，不是手足，并不会长时间在一起，如果对方短时间就可以影响自己孩子的人格，那代表，我们也没花足够的时间在教养自己的小孩。"已经被教好的孩子，不是这么容易学坏的。"学坏的孩子，都是父母长时间没关注的结果。如果我担心，就自己把眼睛放亮一点，小孩的把戏，还逃得过大人的法眼吗？

"如果是孩子自己不想、不愿意跟某个亲戚的小孩在一起呢？"这时候，我会尊重小孩的意愿——尽量不让他们处在一个屋檐下。

我不会拿血缘关系强迫"大家都要相亲相爱。"你可以要求自己跟每个人都相亲相爱，那是你天生善良。但我们没有权力要求别人也这样。放到手足关系中也一样，我们可以跟孩子说为什么要相亲相爱的道理，但是也该了解，相亲相爱是要看缘分的。

每次都叫我

老大八岁，老二四岁。请老大帮忙做事，她会说："为什么每次都叫我，为什么不叫弟弟。"然后生气地踩脚去做。

?

小孩有情绪反应，如果不是明显的无理取闹，我会先检讨自己。确认有理站得住脚后，再回头去跟小孩说理，才是教育。而不是看不惯孩子的态度就先把小孩骂一顿。通常父母骂完小孩后，还会检讨自己吗？

孩子说你不公平，只有两种情况：第一种，你真的不公平。第二种，你没有不公平，小孩误会了。

小孩是不成熟的人，误会别人很正常。所以大人要好好跟孩子解释，不然孩子永远不会知道什么是对的事。

我们叫八岁的老大去做的事，四岁的老二是真的胜任不了？还是你叫老大做事叫习惯了，只要没人抗议就便宜行事？或是，你觉得老大多做一点是应该的。后二者都不合理。

前一阵子我遇到九十岁高龄的姑婆，她从头到尾说的竟然都是，"我妈妈生了十个小孩，但其实负责照顾小孩的几乎都是我，母亲喂完了母奶就将小婴儿丢给我，其他的完全不管……"可以想象这个姑婆小时候有多苦，小孩照顾小孩，而且妈妈一直生不停，一个接着一个。一个人到了九十岁，记得的竟然是这件事。当时如果可以跟妈妈抗议，不知道有多好。

家里能有什么难事呢？八岁小孩能做的事，四岁的通常也能帮忙。这时候，我们就应该修正自己：以后请孩子帮忙，不可以只叫老大。我还会在老大提醒我的时候，说："妈妈没注意，谢谢你提醒我。"通常父母有自觉和肯接受提醒，孩子会出声喊不公平的情况，会少得多。

什么情况叫小孩误会了？例如我请老大到楼下买个盐巴，老大喊为什么不叫老二，我会好好地跟老大说："四岁的弟弟还太小，如果现在有人将你带走，你永远会记得我才是你妈妈，即使你逃不出来，你还是知道。可是四岁的小孩太小了，可能不到一年，弟弟就会以为坏人是他的妈妈，根本忘了他是被别人抓走的，不像你一样，会想办法逃出来找妈妈。"

我有拿理由搪塞骗孩子吗？没有。我说的是实情。如果你还有力气，还可以接着说："等弟弟也跟你一样八岁，那时候你十二岁了，我就不会每次都请你帮忙。"信不信，你下次故意叫四岁的弟弟下楼去买盐巴，我看老大会比你还紧张呢？

160

当小孩跟你争取自己的权益时，不要先入为主地就认为是小孩太斤斤计较。仔细想想，如果你家只有两个小孩，就是她和一岁的弟弟，她还会说你为什么都不叫弟弟，每次都叫她吗？小孩也是很讲道理的。如果跟大人比起来，你不觉得小孩就是最大方、最不斤斤计较的吗？当小孩都出声抗议了，小心，那就是大人已经"错太久"的警讯。

p.s.

如果时间可以倒转，姑婆当时要的不是抗议，她可能只需要妈妈跟她说："真是不好意思，妈妈生太多孩子了，食指浩繁，我必须去努力工作大家才有饭吃。弟弟妹妹交给你，真是辛苦你了。"孩子要的不多，父母的爱和关心而已。有没有发现，父母把"差遣老大当成理所当然"的心态，才是问题的源头。

然后呢

快六岁的姐姐常常对妹妹很不友善，也很常凶妹妹，例如出门穿鞋时，姐姐把鞋拿到门口，妹妹移动了姐姐的鞋，她就很凶地叫妹妹拿回来。例如有时候姐姐在唱歌，妹妹学姐姐唱，姐姐就会不准妹妹唱。例如有时候是妹妹想睡在哭闹，姐姐就会说妹妹是爱哭鬼让她哭得更大声。当姐姐有不妥的行为出现时，我们都是语气平缓地跟姐姐说，妹妹不喜欢，你不要再这样了。但姐姐常常不管我们讲什么，而是继续做，让妹妹哭得更大声，这真的让我们很困扰。最近带孩子遇到好大的瓶颈，最后都用大喊大骂收场，骂完孩子后我也常常跟着哭了……

父母的来信，巨细无遗地说明孩子哪里不乖，我常常看着看着，到最后，心里会不自主地出现，"然后呢？"

孩子错一次可以给机会，错两次也可以给机会，然后呢？为什么孩子错这么久，都不见父母处罚。

父母好好说道理好多次，如果孩子还是一犯再犯，我会说："不可以说妹妹爱哭鬼，如果你一时改不过来，没关系，我会给你三次机会，但是到了第三次，你就必须去墙角罚站十分钟。"

不要用威胁的语气，要用"你相信孩子一定不会再犯"的语气说。"对妹妹说话要有礼貌。""妹妹有唱歌的自由。""不可以故意不听话。"……每一件小错，都需要纠正孩子。如果孩子有屡犯不听的情况，你就要祭出处罚。处罚不需要严厉，太严厉的处罚会让孩子没有反省的空间。处罚的目的是让孩子暂停，并有机会自己好好想想，这个好好想想的过程，就叫反省。

只不过，年纪愈小，道理可以多说几次，机会也可以多给几次。每次都是大骂收场，骂完孩子后你也跟着哭了……然后呢？

不过话说回来，姐姐为什么这样，一定是有原因的。如果父母一开始就把焦点放在"姐姐怎么了？姐姐心里是怎么想的"，而不是怎么快速帮自己解决问题，通常后续的问题就不存在了。

多旅行

我有两个儿子，小时候互动频繁，感情也很好，不知道为什么，进入青少年后，互动降到零，甚至比室友还不如。当初我们是为了老大，才生老二的，怎么会这样?

?

为了老大才生老二，这话，对谁都不能说。对谁说都是一种无形的伤害。我家姐弟俩小时候感情也很好，进入青少年后，刚开始，弟弟还不适应，几度抱怨姐姐都不陪他玩了。后来弟弟也长大了，各有各的房间，说一星期没一个有深度的互动，也不为过。其实，这时候，他们与爸妈的互动也不多。他们当初是多么爱黏着妈妈的孩子啊!

还好，那段期间，家里的经济比较稳定，我们开始每年寒暑假都出去旅行。每次的旅行，我也尽量把时间拉长。当时我并不知道，旅行，就是拉近彼此感情最简单也最自然的方法，不然我一定会把旅行的频率拉得更高。

每次旅行，你又会看到孩子们仿佛回到了小时候。他们会打打闹闹，他们会谈天说地，他们的感情，并没有因为长大而消失，只是生活重心已经从家庭转到学校和朋友。当你发现跟朋友在一起可以这么放松、这么胡闹、这么说三道四、这么天马行空时，千篇一律的家庭生活，怎么能引起你的注意力呢。这是最自然不过的事，也不是任何人可以扭转的。

　　父母能使力的时候，是在孩子还小的时候。拿出最大的耐心，陪伴他们欢笑，帮助他们解决纷争，就是展现我们的爱意。不要以为时间可以增加手足间的感情。小时候感情好的，长大都不见得可以继续好下去，更何况小时候感情就不好的。手足的黄金岁月，只在小时候。

　　过了青少年呢？孩子将各走各的路，能不能互相扶持，是老天都无法预料的事。

便宜行事

我家两个都快小学毕业了，还是为了看哪个卡通这种小事吵架。有人说，孩子吵什么，就拿走什么，他们就会学会自己解决问题，免得落得什么都没的下场。

？

理论说得好。如果问题这么容易解决，又哪来那么多的离婚呢。很多大人看到孩子争吵，懒得理睬，但真的被惹恼了（更可能自己原本就恼了，孩子只是火上浇油），就会祭出这种撒手铜。那是一种错误示范，示范什么叫"便宜行事"。

那天，我们三个，哥哥、弟弟和我，在院子里玩皮球，玩着玩着就吵了起来。原本，它不会在我的记忆中停留，只因为，从来不出手管教孩子的父亲，不知什么原因，突然从屋子里出来，拿了皮球就走，等皮球再回到我们手上时，已经被剪破了。你觉得，我们会因为父亲的这个举动，就学会好好解决问题不要吵架吗？哎，那叫意气用事。意气用事，对事情没有帮助。

当我家孩子都要妈妈抱时，我不会说再吵就都没得抱；当我家孩子吵谁选的故事书妈妈要先念时，我不会说再吵就都没得听⋯⋯我从来不用这种方式来解决孩子的纷争。因为这个方法太不费力了。通常最不费力的，都不是最好的。

不要担心自己是"做太多"的父母。即使你愿意帮孩子解决纷争，其实也还有很多纷争在你没发现时就被他们自己解决了。有些手足纷争，无解，但是你愿意倾听的态度，常常就是解答了。

不要回应

姐妹俩只要坐的距离可以踢到对方，一定会踢来踢去。我以为长大了就会好了，结果没有，为什么会这样？

?

因为，你认为长大了就会好了，这就是原因。你希望时间会帮你解决问题，所以没花自己的力气。父母最好不要有这样的想法，以免错失良机。如果时间真的帮了你的忙，只能当成天上掉下来的礼物。教养，不能有赌赌看的心态。

孩子吵架吵到你面前，就是要你帮忙。你却说："你不要回应，妹妹就不会弄你了。"

这是荒谬的逻辑。那父母也不要回应啊，孩子一来告状，就快点跑走，久而久之，孩子就不会来告状了。

不回应，看似简单，能做到就是神了。不见多少人在网络上吵架、争论对错，芝麻小事就往法庭告。大人都做不到的事，怎么能拿去搪塞小孩呢。

当孩子吵到我面前时，我会用尊重的态度，看看发生什么事了。孩子就是看重你有解决事情的能力，不然干吗来找你呢。谁先起头的？谁先动手的？也不一定要处罚错的一方，你的判别对错，就是主持了正义。说出错的一方不要再犯，就算是责备了。

我很少骂孩子。为了一点小事，今天骂这个，明天骂那个，到最后，弄得好像对方没有被骂，就不甘心似的。我看很多手足，如果没有父母"作梗"，可能还比较相亲相爱吧。

有人不认真处理手足纷争，会不会是以为手足不和睦是天经地义的事。这是另一种想轻易摆脱问题的借口。我从一开始就打定主意，手足是天生会互相爱护的。走到最后，他们竟然变成好朋友，这是上天赐给他们最好的礼物。

教养里最重要的事

每天下班已经累坏了，小孩还在我面前吵架，有时真会抓狂。我实在不想自己这么没品，怎么办？

?

有个妹妹爱捉弄，有个哥哥爱乱叫。问题要分开处理，我对哥哥的建议是，"乱叫是一种习惯，但不是你的错，如果大人可以在问题的一开始，就认真面对，你不会乱叫到现在。但是你已经养成习惯，要改变，不是很容易的事，你想改变吗？"你觉得孩子会有什么反应？

"当你想大叫申冤时，快拿笔记本，把刚刚让你生气想大叫的事，像写小说一样，统统写下来。等累积到一定的数量，再拿去跟大人讨论，他们会更听得进去，也更可能帮你解决问题。"

如果这是我的小孩，我可能会跟着祭出奖励，"你不是想买一双球鞋吗？等集到二十个故事，我们就去买鞋好吗？"（我们要相信，孩子不会因为要买鞋，就假造故事。很多父母都是败在对孩子没信心。）

170

这个把事情写下来的方法，也适用于父母。你可以把抓狂后骂人打人，再加上事后懊恼后悔的时间和力气，换成"写下你的愤怒"。两句话也行。信不信？等你写完二十个，你也会有回报的。是什么？写完，就会知道。或是，全家人都有一个小本子，不论是谁快要抓狂，都先快点去写（太小的不会写，也可以用画的）。

我们可以试着延后自己的情绪，五分钟也好，再来面对事情，看看有没有不同——它是一种习惯，等你养成后，就会发现：父母的以身作则，才是教养里最重要的事。

"已经快要负荷不了，还要听孩子吵架，或是还要去写'报告'？"我们也可以在自己快负荷不了时，跟孩子说实话，"爸爸现在不能听你们说话，等吃完晚饭，我们再找时间好好说，好不好？"我还记得我家姐姐转大人的年纪，我和她经常就会起冲突，当眼见无法说服她时，我会说："等爸爸回家，我们一起开个家庭会议，看爸爸怎么说？"有回我这样说完没多久，事情就被解决了，原本不关弟弟的事，他竟然跑来跟我确认："那么，不用再开家庭会议了吧？"孩子都很讲理，只要大人也是讲理的。

你愿意蹲下来等他多久

晚餐后，全家一起下楼买水果，我一手牵爸爸，一手牵妹妹。哥哥过来后发现没办法牵妈妈，急得想强行插队，还不愿意妈妈的另一只手给爸爸或妹妹牵。爸爸认为哥哥这样的行为很霸道，口气也不小地想教训哥哥。在僵持不下的状况下，爸爸想打道回府。我当下开始讲道理，哥哥似乎不愿退让。我认为是爸爸很凶，不好好讲，爸爸则认为孩子只想到自己，不肯认错。爸爸始终认为"讲道理"会让事情越来越严重。我觉得很累，孩子容易纠正，大人呢？

?

"讲道理"是全人类的通则，为什么却不适用于孩子？因为孩子好欺负，讲道理太费力气，又太慢才能看到效果，才是大人不想跟孩子讲道理的原因。

哥哥只是一时心急，大人不要马上解读他是霸道。

当父母对孩子的解读是"糟糕，他要变坏了"，很容易也跟着拿出"不讲道理"的方法来管教小孩。

不霸占，哥哥当然懂。但是他还小，一时控制不了犯了错，大人只要收起暴力对待的老法子，每个孩子都会慢慢地愈来愈好。谁不想得到父母的肯定呢。

如果大人急着教训孩子（爸爸打道回府就是），为了小事就教训孩子，只会让孩子愈来愈不服气。大人不要激动，蹲下来好好地、慢慢地跟孩子说道理，哥哥又能固执多久呢。

问题的核心在，你愿意蹲下来等他多久？

一点小事就想训孩子，小孩是招架不住的。小孩招架不住的时候，往往就可能用"固执"来响应。一旦固执起来，脑袋很容易就跟着"死机"。

计算机死机时，打和骂，或者对着计算机赌气，有用吗？

哥哥几岁？应该还没上小学吧。愈小的孩子，愈是要耐心对待。

很多大人都觉得对孩子讲道理，只会让事情更严重。这么说吧，不讲道理，直接用权威"压制"孩子，没错，问题马上不见——哥哥只好让出妈妈的一只手给妹妹牵——但问题从来不会自动消失，世界上也没有东西会自动消失。问题就像鸵鸟的头，埋进了孩子的心里。父母以为省了讲道理的时间，其实将来都是要还的。

最后，别忘了，老大很容易羡慕或嫉妒老二。他们不是故意要羡慕或嫉妒，而是很难不羡慕或嫉妒，所以我一直强调：父母要多体谅老大一点。

那不是道理

我好好跟孩子说道理，但是他们似乎听不进去，为什么？

因为，很多时候，大人说的不是道理，只是在帮自己解围。

"我刚下班累死了，你不要在我面前吵，你们全部给我停止，我什么也不要听。"这是孩子吵架时，大人很可能说出来的话。结果呢？孩子的负面情绪没有消失，只是被埋进心里。等待下次机会，一起出来反击。

孩子嫉妒大喊："把弟弟丢掉。你为什么要生他。"怎么回应？

——不要胡说八道，你不能这样想。

——为什么你总是这么负面，自己想办法解决，不要拿每件小事来烦我。

——不要让我为难，你知道我不能把弟弟丢掉，我们是一家人。

——你这样说话让我很生气，如果你真的这样觉得，放在你的心里就好，我不想听。

——生弟弟是为了你，你不是喜欢有人陪你玩吗？我以为你喜欢有玩伴。

——拜托，不要这么想，我爱你，也爱弟弟。

以上的台词，当你面对孩子的各种负面情绪时，几乎都适用。孩子听了，只会归纳成：我不是一个被接受的孩子。我说的话，没人关心，也没人要听。

"我可以假装把弟弟丢掉吗？他就会知道他也舍不得。"天哪，你今天会因为听了我的话，就把弟弟丢掉，哪天你也会把我丢掉，不是吗？

到底父母要怎么做？

倾听，加上同理心。

"不管你去哪，弟弟都要跟，你很难受，是吧。"

"我不知道你这么讨厌弟弟。我不知道他带给你这么大的困扰。"

"不管是什么，说出来没关系，我们可以一起想办法。"

我们要让孩子很有安全感地，说出心里的感受。而不是一说出来，就马上被人否定，"你不要这么想，这么想很不好"。即使是大人，当你难过的时候，最需要的是什么？当我们有负面情绪时，最希望的就是，有人不带评论地听我们说。

　　"会不会你让孩子尽情说，他们就去做出伤害手足的事？"

　　我反而觉得，有些孩子背着大人去欺负手足，都是负面情绪无处发泄的结果。掐妹妹的脸、剪姐姐的头发、推弟弟去撞墙，这些例子并不少见。我们同时要让孩子明白：表达感受，可以被接受；真的去伤害别人，不可以。与其压抑孩子的负面情绪，还不如帮孩子"翻译"他们真正想说的话——

　　当大的取笑小的，与其叫小的不要理睬，还不如帮忙说出他心里的话：别人这样笑你，你很不舒服，觉得被打扰，对吗？你不喜欢哥哥欺负你。你觉得很烦，希望他不要再这样，是不是？

　　"让孩子可以放心地对你说话，不会被否认"，是每位父母都需要养成的事。

　　当孩子说出心里的需求时，父母的第一反应往往是，压抑。我也会犯这样的错。如果孩子都把感受埋在心里，或是只报喜不报忧，那么父母只有"养"孩子，没有"育"吧。这个养成，适用在孩子的任何时期，其实，它应该是创造家庭和谐幸福最重要的基石。

是你怎么办

两个妈妈相约出门，各带着五岁的小孩坐地铁，地铁上不止一个位子，两个小孩都看中了同一个，抢着要坐，但被妈妈拉住了。一个小孩开始哭，另一个想霸王硬上座，妈妈为了不让小孩得逞，就快点自己坐下。两个小孩同声大哭……

?

有人喜欢拿看到的问题来问汪培珽，"是你怎么办？"

相同的情况，不会到五岁才第一次上演。如果之前父母的教养方法没错，就不会有眼前的难题。

大人的错误示范就在眼前，最后是谁抢到了那个位子。大人叫小孩不要用抢的，结果自己呢？

姐姐抢了妹妹的东西，妹妹开始哭，大人来了，一把"抢下"姐姐手上的东西还给妹妹。你可以使用大人的优势，为什么我不可以使用姐姐的优势？

地铁上的两个妈妈，事后会把抢位子这件事，拿出来跟小孩说理吗？如果父母有未雨绸缪的耐心，你就不可能看到这一幕了。

父母不要以为眼前没让孩子得逞，就没事了。今天换作是我，我会让小孩得逞，然后地铁开多久，我就会跟小孩说多久的道理，直到孩子自动让位。"位子不是你的。你想坐，别人也想坐。我们应该想想办法，看看如何最公平？"

只要大人保证有"不成功绝不妥协"的耐心，我就敢保证没有孩子听不懂。听话的小孩不是天上掉下来的，因为一直用"掩耳盗铃"的方法教养小孩，所以才会有不讲道理的孩子出现。

地铁上怎么处理不是重点，回家后的每个日子，你是怎么面对教养的问题，才是。打小孩就是掩耳盗铃的方法之一。你打他，他听话，他听话是因为你打他，还是因为他懂了一些做人的道理，你分辨得出来吗？

孩子抢东西的戏码百百种，一开始就花时间教好孩子，才最省力。

告状

　　姐妹俩平常很和谐，所以我相信她们告状的原因，不是要妈妈去惩罚，只是想告诉妈妈她们找到对方做得不好的地方。若我接受告状，好像鼓励了这种行为；若我不理会，又说不通，因为另一方真有做错的地方。教她们秘密地告诉我吗？看似更不可以。我跟先生商量后，是这样告诉她们的："若你看到对方做得不好，不要立即告诉妈妈，而是去提醒对方怎样能做得好一点，若对方没有改善，再找妈妈帮忙。"（但其实到最后也是告状呢。）

　　告状，只是问题的表面，背后表示了：孩子当下感情不和睦，又拿对方没办法。不然，小孩通常跟小孩一国，有人做错事，应该是互相掩护，怎么会笨到去跟"敌人"报告呢。另一个原因是：争宠。这也是为什么长大的孩子不跟父母告状了，因为孩子以父母为天为地的日子已经过去了。

　　姐姐弟弟在五岁到七岁这段时间，是争宠的高峰期。但他们没用"告状"来表现，原因我只能推断，我认为手足的地位，是平等的。我从来不说，"姐姐要让弟弟"或是"弟弟要听姐姐的话"。

当两方的地位不平等，弱势的一方无力反击时，就会用"抓小辫子"当武器。所以你会看到有人告状的时候，都是感情不和睦的时候。怎么办？父母冷处理。例如小的洗澡时把水喷得到处都是，大的来告状——这时候轻声跟小的说不可以，就好。如果小的继续喷，大的继续告状呢？"妹妹，等会儿洗好澡，你要帮妈妈擦浴室地板。"

例如小的跟大的借铅笔，大的不借，小的来告状——抱歉，告状不成立。"那是姐姐的，她有权利说借，或是说不借。你需要铅笔，我帮你在抽屉里找找看有没有。"

只要父母有耐心处理，告状就会愈来愈少。

你以为老大是担心浴室太湿吗？或是老二真的没有铅笔会死吗？都不是。如果今天是两个一起在浴室玩得起劲，浴室变成游泳池孩子都不会介意，对不对？

"若你看到对方做得不好，不要立即告诉妈妈，而是去提醒对方怎样能做得好一点。"听起来完美的办法，不是不可以用，但是它对告状这件事，没帮助。不和睦了，谁要听你的话去改善什么呢。

还有一个我家姐弟不热衷告状的原因是：我不处罚孩子。我很少很少处罚孩子。我想不到孩子做了什么样的错事，需要被处罚。小的打破花瓶，大的来告状，因为打破东西就是不小心，下次小心一点就好。大的乱喷妈妈的香水，小的来告状，小孩就是好奇，说明香水很贵不该乱喷就好了。如果下次老大又乱喷，小的又来告状呢？哎，这样的概率微乎其微，因为大的不会笨到不等小的不在家就这么做的话，就是天生特喜欢被妈妈骂吧。

　　冷处理、秉公处理，基本上，只要父母有耐心，这些暂时现象都会慢慢消失。有一天，你会开始怀念：孩子喜欢告状的日子，竟然一去不复返。给他们金山银山，也换不回那段日子了。

　　姐姐弟弟最争宠的那段时间，我简直想把自己劈成两半，他们不会来告状，却会自己吵不赢，就找妈妈评理。天哪，小孩吵架，连包青天也没办法。妈妈实在快崩溃了，只好拿馊主意来应急：大乖小乖，从现在开始，如果你们开始"吵吵"，又自己解决，就可以得一颗星星。集满九颗星星，就可以拿一个小礼物。

我得到了暂时的安宁。有一天，他们在隔壁房间吵了起来，突然又安静了下来。你知道为什么吗？因为他们看到已经有八颗星星了，就狼狈为奸地计划假吵架。哈，我就跟你说吧，和睦的时候，什么"深仇大恨"都好说，不和睦的时候呢，什么鸡毛蒜皮都变成不共戴天之仇了。

　　我好怀念那段时光。

一起

两兄弟，感情不错，一直共享一个房间。老大今年小学毕业，家里有多的房间，我该给他们各自的房间吗？分开会不会影响他们的好感情？

我家姐弟俩，从一出生，就有各自的房间。但姐姐一出生是跟大人睡，之后要改，弄得两败俱伤。如果要我说说后悔的事，训练姐姐自己睡，就是第一桩（我没站在她的立场想，只想着如何快速解决，结果就是欲速则不达）。上小学后，我故意把做功课的地方，放在家里的公共区域，例如餐桌。所以姐弟俩大多一起读书一起游戏，甚至到了睡觉时间，还会你搬来我房间睡，或是我搬去你房间睡。等孩子快要进入青春期，"自己的房间"才真正显出它的功能。

"家人就是要在一起。"因为这个观念，把大家都绑死，很没必要。有人喜欢热闹，有人不喜欢；有人需要更多独处的时间，有人不需要。手足感情再好，也需要有自己一个人的空间。怎么学会与自己相处，是迈向成熟的一个关键。

例如我写作的时候，不怕吵，但是怕有人跟我说话，因为我习惯一气呵成，中途被打断，会浪费了流畅感。当妈妈的，并不能躲进房间不出来（躲也没用，铜墙铁壁孩子也会敲到破为止），所以我只能等家里一个人的时候写东西，那时候整个家都是我的房间了。

　　孩子在成长的阶段，拥有不被打扰的、属于自己的空间，不是为了用功读书，而是为了心理健康。想象一下，如果孩子身边的有形物质，不论是食物、玩具、书本还是生日礼物，孩子全都没有所有权，也全都要跟别人一起分享，那是什么感受？无形的空间，跟物质一样重要，只是常常被人忽略而已。

　　除非环境不允许，否则给孩子一个属于自己的房间，让他们可以自己布置、自己搞乱，想要安静时，随时有个不受打扰的安全空间躲进去，对孩子的心理健康和迈向成熟有正面的影响力。你知道有人一辈子都不知道怎么跟自己相处吗？前天我才问了即将离家上大学的孩子这个问题，他说："我没有一个人无聊的问题，即使没事做，我都不会觉得无聊。"

　　忘了告诉你，从小房间分开的姐弟俩，感情如何。如果他们的未来，能够跟现在一样，我就觉得欣慰了。

这个家庭被手足问题弄烦了，

请了一个观察者，进驻到这个家庭一周，

近距离贴近这家人，最后给予父母建议。

给A和B的两封信，就是观察和建议。

从外人的眼光看自己，你会说出什么建议呢？

PART 4

亲爱的，
我可以给你意见吗

亲爱的A

国外频道有类似的节目：先找一个被教养问题弄得束手无策的家庭，然后请一个观察者，进驻到这个家庭一周，近距离贴近这家人，最后给予父母建议。

我问："我可以给你一点建议吗？"

你说："可以。"

我说："原本我要说的是，我想把你犯的错，一一列出来。"

你说："好啊。"

我说："但是，那等同于指责。希望你能有心理准备。"

你说："快说。"

我说："万一我要说的，你从来不觉得有错呢？你可能会觉得我在污蔑你。"

你说："到底要不要说？"

我说："不要。我希望等一周。你再想想，即使听了难过，或是觉得白白让人误会真倒霉，也想听，我再说。"

一周过了。

我说："你家孩子整天吵架告状互相不礼貌，让你觉得无力又无奈，好几年了。如果有得选，你希望他们不要这样吗？"

你说："当然。"

有问题的，都不是孩子，而是大人。

一、你有这样的认知吗？我帮你回答，有

但是，你觉得有问题的是别人，不是自己，对吗？家里的其他人都不配合你的管教，还猛扯后腿，你很无奈。

不是。最大的问题在你身上，你才是影响全局的人。

手足不和睦的情况没有因为孩子年纪渐长而有所改善，还有愈演愈烈的趋势。因为孩子的不良行为或德行，就是你的翻版。什么翻版？

小孩说话不耐烦。因为你说话也不耐烦。

小孩说话不礼貌。因为你说话也不礼貌。

小孩说话脸色难看。因为你说话也脸色难看。

小孩说话语气差。因为你说话也语气差。

老大会指使老二。因为你会指使家里的其他人。

小孩对家里长辈说话不礼貌。因为你也会。

其实，你大部分的时间，对小孩很慈爱，那时候你的脸色超级爱小孩，但是，只要时机不对，你翻脸就跟翻书一样。所以你的小孩有时候很乖，有时候也会翻脸跟翻书一样。

二、脸色难看，就是骂

你很怕小孩吵，什么吵你都不怕，就是怕小孩吵（为什么？我也不懂）。当小孩吵的时候，你只会骂人，要他们不要吵，然后脸色难看。其实，你很少骂人，只是出言纠正，但总是配上很不好看的脸色。

脸色难看，是一种无声的骂。

当小孩有事找你，如果你正在忙，也会用很难看的脸色叫他们走。好像他们是你很不屑的人。这种态度，也经常发生在你对其他家人身上。

给孩子脸色看，他们并不能与你的内心感受做结合。例如你正在忙，或是你正烦恼什么，他们只会把你的脸色解读成：我是不被人喜欢的小孩。

"请不要吵，我不舒服"，或是"我正在忙，请十分钟后再来"。大人只要用中性的语气跟孩子说明就好。我知道你会说，"不管我怎么说，小孩根本不听"。那是因为你错太久了。小孩的"不听"，是跟大人学来的。

三、没认真看待问题

有时候孩子吵你，没关系。或是你说不要吵，孩子继续吵，你也不处理。为什么孩子把你的话当耳边风？因为不管听话还是不听话，都没事。他们已经吵了好多年，你也痛苦了好多年，他们何时被处罚过？对孩子大吼大叫，或是转头离去，那不是处罚，而是不尊重。

其实，管教不一定要处罚。行之已久的问题，可以找机会跟孩子讨论。他们都不是小小孩，什么话都听得懂，何不找孩子一起讨论对策。定个时间，例如每星期五晚饭后（这是一周最放松的时间），全家坐下来开个家庭会议，主旨就是：如何让家里的每一个人都更幸福。我们要给孩子改过的机会。如果孩子没有愈来愈好的趋势，只代表父母没认真处理问题。

四、脸色难看的频率太高

如果你不同意，可以找四周的熟人问问。当别人说我太霸道时，我自己说不霸道，是无意义的。因为那是别人的感受，如果身边多数人都说我没有，我才有资格反驳这个说法。管教小孩，不能给脸色看，它没有教养功能。其实，没有人有资格给任何人脸色看。有没有发现，除了你身边的家人，你不给任何人脸色看。这也是问题的所在。你的孩子对外人态度很好，但这个态度却不适用在家人身上，也是你的翻版。

五、嫌弃小孩

你说你没有。你说得不准，我已经帮你做过市调了。你有没有嫌弃小孩？有，没有，二选一。嫌弃的频率有多高？低中高，选一个。嫌弃的强度有多大？小中大，选一个。你不会想知道答案。我相信，你的心里确实没有嫌弃。但你的内心世界，没人看得到，别人只能眼见为凭。

嫌弃，也没有管教功能。其实，没有人有资格嫌弃任何人。除了你身边的家人，你也不会这么做，这也是问题的所在。对了，脸色难看，跟嫌弃，是同一件事。

以上的错误，可能跟童年环境有关，你就是在脸色难看和嫌弃下长大的。

六、不关心

当孩子有不当行为或语言时，你会纠正，加上语气不好和脸色难看。几乎每次你都会纠正，但是，你不关心。孩子错误犯到第二次时，我会很严肃地面对：问孩子听懂了我的道理吗。如果听懂了，为什么再犯？是不小心，还是觉得自己没错？以后要怎么做才可以避免再犯？除了说道理，我更关心孩子心里的想法，也想跟孩子站在同一阵线，一起努力。

大人一旦语气不好或脸色难看，孩子就会把焦点放在"我又被指责了"，这时候耳朵就很容易自动"关起来"，因为没有人喜欢听到指责。尤其孩子对指责的承受力更小。如果你觉得你的孩子根本不怕指责，那又是另一个谬误。那是指责太多，不得不麻木，不然活不下去。

七、不追踪

孩子做错事，你纠正完毕后，扪心自问，有信心孩子不会再犯吗？如果不能确认，就必须找适当的机会，把你的心里感受再说一次。因为有许多话，当下说，并不是好时机。事后再说一次，也是关心的表现。但是所谓的关心和追踪，都必须建立在"想帮助孩子"上，而不是"我自己好烦，你们再不改变，我就要放弃你们了"。

当你每次纠正孩子时，你的内心最深处，已经不相信孩子不会再犯，对吗？你打定主意：孩子根本不会听我的话。当你自己都不相信时，孩子怎么可能变好呢。孩子会朝着你心里最深处的想法，继续前进。好的、坏的，都一样。

八、太容易放弃

昨天你在教孩子怎么打绳结才打得牢固，但孩子不听，三句冲突后，你先露出难看和嫌弃的脸色，前后不到三十秒，你放下绳子，说："随便你，我不管了。"接着转头离开。意思就是摔死活该吧。当父母的，没有权利用这种态度对孩子，因为你也不希望孩子用这种态度对你。放弃，也没有管教功能，还有愈帮愈忙的反效果。

以上八个错误，统统有愈帮愈忙的反效果。几年过去了，我突然发现一件事：原来孩子的争吵和不服管教，会给你这么大的压力。你对孩子的耐受度太低（应该也跟成长环境有关），这样的个性，要你来管小孩，是种虐待。如果换其他人来主导管教，成功的概率比较高。

九、霸道

你讨厌死小时候父母老师对你的霸道，却不自觉地用同样的态度对孩子。我可以举一个实例给你听吗？如果你有能力承受，我才说，以下的这段话，是用隐形墨水写的，必须有解方才能看见。

地点是餐厅。大伙都饿坏了，一半的人点双层大汉堡。点好餐，孩子小声跟我说："我不要吃双层的，却硬要我点。"我很惊讶："你有说你不要吗？"他说："有。可是，他们说不点双层的，就不要吃。"

童年的毒害，会影响一辈子，你是受害者，现在你正在把受害者的角色往下传。我问孩子："你不是很饿吗，为什么不点双层的？"他说："因为双层太厚，上次我就发现很难咬，让整个嘴都脏脏的，很不舒服。"

你应该知道孩子不点双层的原因，但是你不理。我也知道你要孩子点双层的原因，但孩子并不知道。我对孩子说："他是爱你，知道小汉堡吃不饱。"

你的做法，无法让孩子感受到你的爱，只能让孩子学会一件事：霸道，最快能解决问题。现在你的孩子也开始霸道了，所以不要太惊讶。

十、压抑小孩的负面情绪

童年时，你面对负面情绪的方式，就是压抑。没有大人愿意静下心来听你说话。有吗？任何不舒服的情绪，只能往肚子里吞。所以现在面对孩子带给你的困扰时，你会不自觉地祭出同样的方法。即使你觉得已经试着好好跟孩子说道理了，但说出来的道理，也充满了压抑。你举例社会上的不公不义，要孩子别把家里的芝麻小事看得这么大，就是压抑。你会在孩子不听话的时候，掉头离去，也是压抑。压抑你自己，顺便压抑小孩。当孩子有不成熟的表现时，你最常说的话是：幼稚。你可以说不礼貌、不好听，它们都是对事不对人。幼稚，听起来无伤大雅，却是人身攻击，因为你希望用最快速的字眼，要孩子停止不成熟的行为。那只会带给孩子"不喜欢自己"的情绪，对事情没有一点正面的影响。

十一、无法坚守原则

有时候霸道，有时候怕冲突，父母没原则，只会带给孩子痛苦。

汉堡来了，孩子一拿到双层汉堡，马上把里面的西红柿生菜往外丢，你看了为什么不说话？我看了好舍不得，是舍不得最健康的食物，孩子却没吃。你刚刚用霸道对孩子，现在孩子就用"我不怕冲突，你来骂我啊"还给你。这是双输，你的爱没传达出去，孩子也没吃进营养。而且孩子知道，你的霸道根本站不住脚，我要换个方式挑战你。我猜，换个时空环境，你会用更霸道的方式（语气更凶，脸色更难看），不准孩子把汉堡变小，孩子也会照办。这也是问题的所在：有时候你会管，有时候你不会管。只要父母的管教没有持续性，孩子自然而然就会把你的话当耳边风了。任何无效的管教，应该在一开始就不要管，例如宁愿让孩子吃小汉堡。

十二、威胁小孩

有时候，你不想霸道，就不自觉地使用威胁。例如："吃小汉堡，可以。吃不饱，你要再等六小时，等到晚餐时间才有东西吃。"

所谓威胁，就是不想花力气，只希望借由口头说辞，达到你的目的。你的目的就是让小孩点头吃大汉堡。如果你真的坚持到晚餐才给孩子吃东西，那就不叫威胁了，因为你准备花力气去完成这个教养。可是，你做得到吗？最后你的目的没达到，却帮孩子往这条路上推：父母的话，当耳边风，就好。

十三、利诱小孩

你带孩子出游。我问孩子，今天出去玩有吵架吗？孩子说没有，接着补充："如果吵，就得马上回家。"

所谓利诱，就是不想花力气，只想借由"给好处"达到自己的目的。你的目的是孩子不要吵，孩子的好处就是可以出游。为什么不可以利诱？因为孩子听话，不是发自内心想要做个好孩子，只是不得不。有一天你的利诱用尽或是无效时，孩子的不得不也不需要维持了。

十四、误会自己

那天在餐桌上，你说："这一年来，已经很少对孩子大吼大叫了。"这里的大吼大叫，也该包含任何发脾气的不礼貌行为。

你看看大家，没人说话。每个人肚子里都有一箩筐的记忆。首先，我想请你尽力回想三个，这一年来对孩子发脾气的不礼貌行为。如果你说你想不起来，那我又要使用隐形药水写给你了。你说的没错，你已经尽力减少这样的行为了。但是，如果这就是你说的"很少"，那就是误会。因为我手上就有两个，都不是我亲眼见到的，转述给我听的两个人，一个很少跟你相处，一个我很少跟她说话。两个事件，都是脸色难看和嫌弃的最高级。以这个逻辑来看，如果我就像个隐形人跟你寸步不离，你还能说很少吗？

礼貌，是人类独有的，也跟幸福息息相关。身边老出现不礼貌的家人亲戚或朋友，是谁都不愿意见到的事。"偶尔不礼貌"，或是"只对家人不礼貌"不该是被容许的事。

十五、瞎

瞎，分两种，一种是眼睛，一种是判断力。先说判断力，两个孩子吵架，一个是爱捉弄，一个是被捉弄后爱乱叫，你总是先去管那个爱乱叫的，爱捉弄的却轻轻带过。你说爱乱叫的，引人注意，要先处理，这逻辑对吗？我说，爱捉弄的，先纠正，事情就少了一半。你却举手说有问题，"弄一下，不痛不痒，需要乱叫吗？"这种似是而非，需要静下来想想哪里有问题。（那句话没错，但是它必须来自爱乱叫的人的心理，而不是别人指责自己的理由。因为不是你不痛不痒，所以没立场这么说。）

眼睛哪里瞎了？大家好像全都看不到爱捉弄的什么时候捉弄了。这几年，我都以为，只有你能教小孩，为什么却突然发现你不适合了？因为你瞎了。前天晚上大家聚在一起，大的不晓得故意去弄小的多少次，戳他的背、戳他的手，反正就是经过小的旁边，习惯要弄他一下（没错，完全没杀伤力的不痛不痒）。这天小的没发作，可能是因为当时气氛太好。前天小的站在门口，大的出去经过，用脚踢他的脚背，我没看到，只听见小的乱叫；我马上跑过去跟小的说："小声好好说，乱叫会模糊焦点"。小的竟然很善良地说："我不确定他是不是故意的。"大的不是故意的，他是习惯了。

爱捉弄，不是什么大不了的事。问题是，孩子已经养成习惯改不了，也已经养成习惯把大人的话当耳边风。

最后我想问：如果你确实因为孩子不受管教而觉得烦躁，为什么从来不求助？是不是从小面对太多的责难，都不是你当时能承受的，所以不自觉地往心里堆，以为"视而不见"就是没问题？

发现你的无奈和沮丧情绪后，我突然觉得自己错了，真正可以扭转情况的人，不是你，而是你的另一半。表面上你是家庭的主导者，因为你比较强势。我也是我家的主导者，但是我没有遇到教养问题，脸色难看和嫌弃的特质，而且面对孩子制造出来的麻烦，耐受度也高很多。你在童年和青少年遇过的责难，我一个也没有；没人给我脸色看，也没人嫌弃我。

为什么你的另一半更可能成功？因为她没有脸色难看和嫌弃的特质。她对麻烦的耐受度，也比你高许多。再则，她的成长环境，比你的平和五百倍，所以她也更有能力用平和的态度去面对教养问题。

管教小孩，负面态度，是没用的，还有愈帮愈忙的反效果。谁更平和，谁更善良，谁就更能胜任这个角色。

有些人天生的个性，并不适合担当管教孩子的任务。什么样的个性？太敏感。通常这样的个性，不喜欢太多刺激，更喜欢规律和安静的生活；不擅长面对冲突，因为顾虑太多。你们有自信，相信自己有能力做好很多事情，但是自尊心却不高。有没有发现你的其中一个孩子，跟你有相同的个性；他从小对味道敏感，很多事情都有自己的坚持，所以被人贴上"难搞"的标签。我的一个孩子也有这样的个性，心里已经气得半死了，却抵死也不愿意指责对方。但是，天生的个性，没有对错，即使很多人都对"多愁善感"给予负面评价，也不代表有错。你怎么打心底接受自己，也就等于接受了孩子。不接受自己，连带也不接受孩子，可能就是全部问题的根源。

我想帮你减少无奈、无力的感受，对家庭的每个人，包括你自己，都有好处。爱孩子的部分，你做得很好了，继续就好。试试看，让别人接手管教的任务，可能是转机。不然，我怕你一辈子都会痛苦。对敏感的事情，谁说"选择避开"不是一条路呢。

　　不快乐的童年，是很多问题的来源。我们都要避免一代传一代。除了要照顾孩子的心理和身体健康外，自己的也一样重要。

　　亲爱的，加油!

亲爱的B

　　你才是家里最适合教养小孩的人。我老以为，家里最强势的人，才可以管好小孩。强势，是一个选项没错，我就是我家最强势的，也是我负责管小孩。但是，如果只能在"强势"和"和善"之间二选一的话，和善才是第一顺位。

　　你或许有疑问，"你家是先生比较和善，为什么不是他管小孩？"那是你没看到全貌，如果小孩犯错是由我家先生来管的话，你就有机会看到他大吼大叫了。不信问问我家小孩，爸爸妈妈谁比较凶，就知道了。我先生很和善没错，但是遇到孩子有问题的时候，我才是最能用平和态度去面对的人。

　　夫妻里，谁最和善，谁就最适合管小孩。你的另一半，是家里最强势的人，但他的个性，后天有太多不好的影响，在负面环境下长大的人，很容易就用负面的态度去管教小孩。脸色难看、用嫌弃的语气跟小孩说话，才是怎么管都管不好的原因。他不是不关心孩子的教养，而是力不从心。再加上他的很多做法都是错的，更可怕的是，没人敢跟他直话直说。不过，直话直说就会有用吗？

当这条路走不通时，我们应该换另一条，而不是硬往死胡同里去。你的另一半，最胜任的工作是，爱小孩。而且只能在小孩不吵不闹很乖的时候，让他去爱。一旦孩子开始吵，有问题发生时，他最好能闪多远算多远。因为他的个性太敏感，再加上不自觉的难看脸色和嫌弃语气，会弄得全家都是受害者。

你愿意在最困难的时候，试试看吗？

"我可以吗？"

"你可以。因为你爸你妈也很和善。还记得你弟的孩子，小时候很霸道的那段时间吗？但是你弟、你弟妹、你妈你爸，围绕在孩子身边的每一个人，都超级和善的，所以后来，孩子就愈来愈好了，不是吗？你的孩子，基本上，是在霸权教育和压抑下长大的，那就是现在出现问题的原因。"不然呢，他们天生就坏吗？

今天，我必须实话实说，因为你的时间不多了。但是你需要有心理准备，听别人批评自己的孩子，是种难以通过的痛。我说的不全然是对的，如果有误会的地方，要请见谅。我的目的只有一个：让每个人都能拥有更多的幸福，不是只有孩子幸福。

老大老二，谁的问题比较大？在我看来，小的只是先天比较吃亏，家族里善良的基因，他全都遗传到了。可惜，太善良，常常就是被欺负的对象。你的另一半很爱他没错，如果只让人看到孩子被爱的一面，他可以被颁发奖杯。但我们都心知肚明外人没看到的另一面。

大的爱捉弄，也不是什么大不了的事。当时不以为意，一年两年三年过去了，事情不但没改善，还滚出更大的问题来。一开始是不礼貌，再来是说话难听，现在连脸色也变难看，他已经开始把家里最强势的人说的话，当耳边风了。当小孩把大人的话当耳边风，只是代表大人做错了什么。在霸权和压抑教育下长大的孩子，把别人的话当耳边风，是很自然的事。

"不要吵。"孩子继续吵。"不要这么说话。"孩子继续这么说话。"不要玩火。"孩子继续玩火。"不要这么粗鲁。"孩子继续粗鲁。

有天，大的拿了我的手机，手机是关的，他问开关在哪，我说，不要开，他还是打开了。他已经习惯把没有杀伤力的"不"，当耳边风。有次，我们发现壁炉里有不明物体烧过的痕迹；在壁炉里烧，没有危险，但危险的是，他知道不能不告知而自己玩火。有天，大的跟弟弟打羽毛球，弟弟是不想打，他却一直嫌弃弟弟打不好，嫌弃到弟弟放弃回家不玩了。我想跟他说道理，感觉得出来，他听不进去了。

大的会说出很多似是而非的理论，帮自己。第一，"弟弟弄我，我没关系，所以我弄弟弟，也可以"。第二，"小孩打闹，一下就好，有这么严重吗？"第三，"为什么只说我，弟弟从前也会"。没人跟他好好说，这些观念哪里错了。

大的会指使，自己不想做，或是懒得做，统统叫弟弟。弟弟是天生好人，只要没吵架，不管跟自己有关无关的事，哥哥一叫，他立刻去办。连到厨房拿汤匙，都叫弟弟。咦，这好像就是另一半对你的翻版耶。

如果真是感情好、相亲相爱，有人多做一些无妨。但是当弟弟帮忙自己时，大的心里有谢意吗，还是当成理所当然。如果有，他就不会看当弟弟被小事弄得抓狂时，还一副事不关己的模样。

问题不在这些小事上。问题在于态度。"态度，决定高度。"如果你认同这句话，就统统不是小事了。

≡ ✂

一开始是欺负手足，接着就是欺负你和爷爷。你的例子我没看过。有天，我们全部聚在一起聊天，说说笑笑之际，大的突然对爷爷说，"爱帮腔，只会破我的梗"。态度像老板骂员工，贬低加藐视；最和善的爷爷，怔了一下，当场静了下来。他爱

207

爷爷，爷爷也对他很好，怎么会发生这种事？因为五分钟前他才跟弟弟起冲突，就把气出在爷爷身上。如果大人不一件一件地教，孩子是不会发现自己错了的。

有没有发现，其实大的也受了很多气，霸权教育下的孩子，很难不气。所以欺负弟弟，让弟弟乱叫，就是发泄。弟弟乱叫，妈妈更气，也是发泄。那不是天生的个性，是养成的。

单独跟大的在一起的时候，我看不到任何问题，有礼貌、会礼让，态度和善、善体人意，是很不错的孩子。不过，礼貌和善良，不是一个"有时候有，有时候没有"的选项。

你想听听我的建议吗？

我会尽量找最简单的方法。即使效果不显著，先让事情有进步，更重要。

你准备做的改变，先跟另一半商量，直到达成协议。台词我先帮你拟好，可斟酌情况，说得愈好听愈好。

1.亲爱的，管教的工作，我接下了。(因为不忍你受苦)

2.如果你看到孩子做了什么事，或是说了什么话，觉得需要管教，只要不是立即有危险的，可以先记下来。定个家庭会议时间，我们先讨论，或是到时全家一起讨论。

3.请你跟我讨论的时候，脸色不要难看，我也很怕看脸色。更不要一副小孩教不好是我的错的样子。互相不要给对方脸色看，我们需要先以身作则，孩子才能有样学样。

4.不要翻旧账。从前的错，要当成没发生过。现在，孩子会互相翻旧账，都是跟大人学来的。翻旧账，很容易模糊事情的焦点。全家人要一起戒除。

5."你不乖不礼貌，以后没人欢迎你。"这种威胁，不能用。翻成大白话就是：你的行为，让父母觉得丢脸。遇到问题，要对事不对人。大部分的威胁，都有人身攻击的意味。

教养的目标，不是孩子永远没问题。怎么让问题愈来愈少，就算成功。行动开始啰！

一、推行礼貌运动

一切问题，不管是大人还是小孩的，都源于"不礼貌"三个字。

首先，在家里推行礼貌运动。不是只有小孩要有礼貌，大人对小孩，大人对大人，也要有礼貌。礼貌，不是对外人的事。家人之间，更要有礼貌。看看和乐的家庭，哪一个是没礼貌的？或是看看不和乐的家庭，哪一个是有礼貌的？

请注意：成功的关键不在小孩。如果大人拒绝改变，这个运动注定要失败。

当发现小孩不礼貌时，只要用中性的语气说："不能这样说话，不礼貌。"看孩子的表情判断，可以补上："你了解它不礼貌，对吧？"或是"我们要提醒自己，以后不要说"。或是"如果你不小心又说了，我可以再提醒你吗？"

多年前，我请一个小学生想想班上同学，会说哪些不礼貌的字眼。"白痴、白目、笨蛋、鸟、糙、靠、废话、色。"你家没有等级这么高的问题，但是我们有责任让孩子知道，即使是最轻微的不礼貌，都不可以。

"可是，大家都这么说。"如果孩子这样回你呢？这里要岔开一个话题，不能再让小孩拿手机随便想看什么就看什么。这一点，家里每个大人，都要配合。过去一年，孩子不知道看了多少没营养、粗俗的网络影片。很可惜。

"别人不礼貌，我管不到，你是我的孩子，我有责任要教导。"小孩的任何问题，都不要回避。大人不重视问题，孩子就容易变得人云亦云。

"哥哥从前也会这么说。"好，下次我们听到，也要提醒哥哥。

任何不礼貌的用词、态度，不管有多轻微，统统要戒除。如果彼此知道是打情骂俏开玩笑呢？彼此都不介意，当然可以例外。

大的会说出很多似是而非的理论，现在统统可以用礼貌运动来解决。

——"弟弟弄我，我没关系，所以我弄弟弟，也可以。"你没关系，不代表弟弟也没关系，只要一方不喜欢，就是不礼貌。

——"小孩打闹，一下就和好，有这么严重吗？"打闹到有人生气，却还是我行我素，也是不礼貌。

礼貌运动，看似很简单。你知道吗？坏习惯，必须花上当初养成时，十倍的力气来戒除，很不容易成功的。我说的是大人。小孩是最容易改变的动物，但前提是，大人要有耐心盯着，直到孩子养成好习惯。

其实，我已经帮你推行过礼貌运动了，只可惜我只有一周的时间。我一说完礼貌运动后，大的马上开始配合。他不小心又对弟弟说（语气霸道）："拿来。"我给予正确示范，"要说，请帮我拿过来。"一会儿，不自觉地，他又对弟弟喊（语气霸道）："不要打开。"很可爱的是，还没等我纠正，他马上说了英文倒装句，快速地把"请"补在句子的最后。还问我："这样可以吗？"可以，可以。太可爱了。

我站在远处，他们互动得很好。你知道吗？好孩子的背后，一定要有一个好大人，在他们做错的时候，不指责，只提醒。突然，大的喊："不是。"语气不好。请记着，那不是他的错，他的坏语气，是被养成的。喊完的瞬间，他抬头瞄我，又赶紧补了一个"请"字在后面，又接着马上大声问我："这样说可以吗？"我大笑起来。他也觉得这个句子不合语法。你看看，要改变孩子，有多容易。

如果有时间，我会找机会夸奖他，也算安慰他："你很棒，一下子就学会了。但是，坏习惯连续做三天，就跟着你了，如果想戒除坏习惯呢，必须连续做好三十天。"我会帮你。如果一时忘了，没关系，我会提醒你（小小声），直到好习惯被养成。

谁不想当好孩子呢？

有个朋友告诉我，他小时候是个让人头大的孩子，其实他自己很痛苦，到哪都不被喜欢。所以他说一定要把孩子教好，不让自己的痛苦重演。你的另一半为什么对孩子的耐受度这么低，可能是无法承受自己童年最痛苦的记忆，在孩子身上重演。

错误的管教，比不管教还糟。

因为你个性和善，但又不是那种会宠坏小孩的人，通常只要好好说，孩子都会愈来愈好。很多孩子小时候很乖，只是被霸道压抑下来，所以后来发现可以反扑了，怎么会放弃机会呢。我想提醒你，原本你是一个温柔有礼的人，但十几年下来，也受了影响。现在找回你自己，在管教孩子这件事上，才是最有力的后盾。

礼貌运动，对小小孩，要推行易如反掌，但你们已经错过那个时期。你要有心理准备改变的困难度，面对正在"转大人"的老大，你得拿出耐心来，看到一个问题"杀"一个，看到一百个也不能气馁，一百个也要慢慢地一一铲除。你剩下的时间不多，愈拖延只会愈困难。

礼貌，说简单很简单，困难之处是，你无法发现自己不礼貌。有没有发现一种家庭，全家人彼此说话都不礼貌，因为习惯变成自然。你说他不礼貌，他还觉得你有毛病呢。

不可以说问句。这是我曾经在我家推行的运动，当我家孩子还是小小孩的时候。

"为什么还没洗澡，你知道现在几点了？"

"开抽屉要记得关。我说过几遍了？"

"你不知道这样，别人会痛吗？"

这样的问句，充斥在很多家庭里。没人期待有人回答这些问句，它只是变相的骂人。所以这样说话，也统统是不礼貌。你不会这样说话，但是家里的其他大人，也要跟着一起改变。

发现了任何需要提醒孩子的事，当场，用中性的态度提醒就好，但是，事后，要再说一次。也不用长篇大道理，可能只有三句话，"今天你说了两个不好听的话，我怕你忘了，还记得吗？"

你和另一半，很爱孩子，孩子也知道。父母对孩子"爱的库存"，就是孩子愿意跟父母一起努力的最大动力。也可以说，要在你家推行礼貌运动，不是太困难的事才对。对那些没爱的家庭，没爱，就等同于没救了。不过容我再说一次：成功的关键不在小孩，只要大人愿意改变，而且有永远不放弃的决心，那么天底下就没有教不好的孩子。

二、接受和尊重孩子

这件事很容易被霸权教育掩盖掉。老二的个性跟爸爸一样，怕吵、喜欢规律、容易有罪恶感、对别人的批评敏感、喜好明显（看到灯，一定要打开；看到窗，一定要关上）。老大不怕的风吹草动，放到老二身上，就是刮台风。这样的孩子，更需要父母的接受和支持。结果呢？他从小听到的批评，直接的和间接的，有多少，你们比谁都明白。他需要更成熟没错，但是你们给他的环境，并没有把成熟当目标。顺其自然，也是有限度的，时候到了，鸟妈妈是会推小鸟出巢的。接受孩子原来的样子，和教养孩子使其更成熟，是不违背的两件事。

有天爷爷包春卷给大家吃，爷爷喜欢包得鼓鼓的，愈鼓愈好，多数人没意见，但小的不喜欢，爷爷一边塞馅料，他在旁边一直说，爷爷不要包了，爷爷好了，爷爷不要包了，爷爷我不要这么大，爷爷好了，大概说了三十次，爷爷完全听不到，继续猛塞。

为什么孩子把大人的话当耳边风，是因为大人先把小孩当隐形人。我会在孩子跟我说第一次的时候，就响应孩子。如果我不明白孩子为什么这样，也会先停下来听听孩子怎么说；如果我有不得不的理由，也会先停下来跟孩子说明。

倾听，是尊重的第一步。

说明，是第二步。

提醒，是第三步。

保持信心，是成功的保证。

大的喜欢捉弄，源头是他的精力无处发泄。如果把他放入大自然里养，可能什么问题都没了。你接下了管教的工作，或许固定带他去运动，就交给另一半吧。所谓固定，是要当成工作，只要老板一喊，如果你有空，就不能说不。其实，孩子愿意让你们陪着去运动的时间，根本所剩无几。

小的喜欢乱叫，要改变，不太难。倒是大的爱捉弄，先要改变。小的每次乱叫时，先把你们难以忍受的"乱叫"放一边，先去看看是谁起头的。大的似乎已经养成习惯碰一下弟弟、踢一下弟弟、戳一下弟弟，明知道他不喜欢，也知道他会乱叫，还是一直持续这样的行为也不以为意。你可以盯着大的一阵子，直到他改变。不用骂，好好说，孩子会听的。——"虽然碰一下，不痛不痒，但是别人不喜欢，你就不能做。开玩笑，是要双方都笑得出来的。"每次都好好说，有一天大的戒除了这样的坏习惯，他也会以自己为荣。

同时间，我们也可以鼓励小的，抗议时也要注意自己的语气。以下是我的建议：给他一张表格，每次被弄烦想抗议时，如果能好好说，就到表格上去打个钩。集到多少个钩，你们可以商量出一个他喜欢的奖励。例如他喜欢爬山，可以买一个专业的背包，或是登山鞋。平时，你们常常在帮孩子买东西，或许应该要停止。第一个需要观察的现象是：孩子珍惜身边的东西吗？还是三分钟热度马上又想买其他更新更好的。当孩子出现教养问题时，首先就是要管理他们花钱的习惯，而不是东西愈用愈好愈用愈高级，最后可能让孩子误会：花父母的钱，是理所当然的事。这是教养无法成功的一个隐性因素。

　　让老二集钩拿奖品，奖品是其次，那是鼓励他克制自己不当的情绪表达，如果他做到了，会以自己为荣，也增加了他所缺乏的自信心。谁喜欢当一个乱叫的人呢。久而久之，大的也不会再弄小的，因为弄了也没效果。这时候，全家都受益。

　　当手足间出现争吵，或是孩子与大人意见不合时，我们的直觉反应，常常是想快点"纠正"孩子，于是开始说不停。当小的来抗议哥哥时，应该先关心孩子心里的感受，"你觉得他不想跟你玩，让你很难过，对不对？"鼓励孩子把感觉化成语言说出来，事情可能就解决一半了。

有没有发现，难过的事，只要有人愿意听我们说，不带任何评论地听我们说，常常就没事了。倾听，是说服人的第一步。我们要当孩子最好的倾听对象，而不是孩子说一句，父母说十句。这个错，我也需要时时刻刻提醒自己。孩子愈大，它愈适用。它根本适用一辈子。

倾听后，接着跟孩子一起想对策，"如果你也想玩，要怎么表达会更好？"大孩子，很多道理早就知道了，与其丢答案，还不如丢问题。父母的角色，迟早要从指导者，换成辅助者，最后变成旁观者。我已经是旁观者了。要父母只听不说，不是件容易的事，我正在修炼中。

你们家最有天分倾听孩子问题、帮他们解除困难的人，就是你，除了你在滑手机的时候。手机等等再滑，等这段时间过了，你有好几十年可以滑（四十岁滑到九十岁，够吧）。把眼睛睁大，让家里的风吹草动，尽量别逃出你的法眼。"他们一下子就不管了。"这是我跟大的推行礼貌运动时，从他口里说出来的话。他已经看低了家里的大人，这实在不是我们乐见的。好习惯的养成，要连续做三十天，孩子没有大人的帮忙，是很难改变的。

帮孩子排解纷争时，不能预设立场。不能说大的常常欺负小的，每次吵到你面前，就把矛头指向大的。我们会不自觉地给孩子"角色"——小的是受害者，大的是加害者；大的很勇敢，小的很脆弱——父母立场不中立，只会让坏的更雪上加霜，却对好事没有鼓励作用。所谓中立，就好像我们已经忘了从前发生过什么事，那也等于是告诉孩子，"我对你有信心，有信心你会愈来愈好"。教养里最重要的心法，就属它了。

与你共勉。

啊，突然想起来，你不是有跟孩子聊天的习惯吗？这可能是拉拢感情的一个小窍门。趁孩子天南地北叽叽喳喳跟你说话的时候，跟孩子玩一个游戏。甚至随时有空都可以玩。两个人可以玩，全家也可以一起玩。游戏的名称叫：你喜欢对方什么？

"昨天我东西不见了，弟弟帮我一起找。""我想看武侠小说，姐姐马上借给我。""我喜欢爸爸今天帮我修脚踏车。""我喜欢妈妈每天到学校门口接我，还给我抱抱。""我喜欢弟弟对邻居有礼貌的样子。""我喜欢姐姐的书桌总是好整齐。"

"我喜欢爸爸总是笑嘻嘻。""我喜欢妈妈小小声地叫我起床。"……这是我们家的版本。全世界有亿万个家庭，每个家庭都有自己的版本。

亲爱的，祝福！

原本是序文，只希望书里的主人翁来暖场。

结果孩子脱口而出的，就是教养里的密码。

很多手足在长大后，各奔东西。

除了聚会吃饭，内心几乎没有交集。

"人生到此，弟弟对你而言，从前是什么？现在是什么？"

rest
room
厕所
0.068

PART 5

访问姐姐

为什么你们不

妈妈问："为什么你们两个小时候，不会抢东西、不会推人、不会咬人、不会大打出手？让很多父母头大到抓狂的情况，为什么从来没发生在你们身上过？"

姐姐说："因为我们天生就是乖孩子。"

"真的吗？"

"假的。"

妈妈说："很多人认为那就是原因。"

姐姐说："其实我很敏感，对很多事情都害怕。昨天我打工的地方来了一家人。"那是一个建在森林里的冒险游乐园：他们在参天大树之间架上绳索、独木桥、攀爬绳梯之类的工具，每个关卡有三种难度的路线，就看你敢玩什么。唯一相同的是，它们都在三十米的高度上，下面完全是空的，但身上有安全钩。"一家五口，三个小孩都已经成年，包括父母，绝大多数家庭成员都身手矫健灵活得不得了，唯一的例外是大哥。"他让我想到了自己。"大男人啊，在每个关卡都怕得不得了，但是，他却乐观得很，一边嘲笑自己一边选最容易的通过。最后一关我问他选哪一条路走，他说，哪一条可以回家。我笑翻了。"我觉得自己很多时候，就是这个大哥。最后我们没因此少了自信与过日子的乐趣，应该跟父母的教养方式有关。"他们家的气氛，跟我们家很像，很和乐、很平和。"

嫉妒吗

妈妈问："手足嫉妒问题，你们有吗？"

姐姐想了想，说："当我知道弟弟可以把《哈利·波特》里面的咒语，全都背出来，而且比我背的还多还好，我好嫉妒。"妈妈脸上三条线，我在跟你谈严肃议题，你竟然说谁咒语背的比较多。

"什么时候的事？"

"小学，我们还住在台湾的时候。"

"还有一次，你知道，我跟弟弟小时候常常玩'摔跤'？"

"就是在床上滚来滚去？"

"对，每次我都会赢，把弟弟压在下面，因为我比较大。有一天我们又在床上玩'摔跤'，那天他把我塞进床和衣柜中间的缝里，然后在旁边喝冰茶，我说我不要玩了，他也不救我出来。那时候我就很嫉妒，想说完了完了，弟弟长大了，我再也打不赢他了。"

妈妈不死心，"有没有因为爸爸妈妈做了什么事，你觉得很嫉妒的？"姐姐说："想不起来。就算有，可能也忘了。"

死不承认就没事？

妈妈问："昨天我在泳池，看到兄弟俩，五岁和七岁，哥哥会趁妈妈看手机时，拿浮板狠打弟弟的头，没有争吵，就是闹着好玩的。为什么你们不会这样？"

妈妈问完，觉得自己永远也想不出答案。姐姐却想都不想就说："妈妈没看到也没用，只要我们跟你说什么，你都会相信。"

啊哈！真的！当孩子来抗议对方做了什么，即使是比芝麻还小的事，我都会放下手边的一切，当成最重要的事，仔细听听孩子怎么说，然后给予"协助"。

姐姐说："我们小时候做什么，你都会知道。我怎么可能偷打弟弟，最后却没事。"

"不要承认啊，说谎啊。为什么不这样做就好？"

姐姐说："小孩说谎很容易露出破绽啊，只要大人仔细问，就会发现了。

"妈，你还记得有一年，只有我们跟爸爸去苏州二叔家玩。一整个星期的旅程，弟弟乱弄我，爸爸也不管，我气死了。"

没错，当时姐姐一回家就来跟妈妈说。另一半不是不明事理的人，为什么跟爸爸说没用呢。"爸爸没耐心听我们吵什么，只会用搞笑的方式带过，根本就是没处理。"

啊哈，"你只是因为运气好生了两个乖孩子"。不晓得有多少人这样想过我。啊哈，因为访问姐姐，我才知道，孩子只要换人养，结果就会不一样。先生用搞笑的方式处理手足争吵，是想便宜行事，为什么有些手足的感情愈来愈不好，这就是开端。他们不是天生感情不好，而是父母处理的态度有待商榷。

不友爱的原因

妈妈问："为什么泳池的哥哥要拿浮板打弟弟的头？我不懂，有特别的原因吗？"

姐姐说："有时候是无聊。有时候是，小孩发现自己好像有某种力量，可以想做什么就做什么。"

"更有可能，是哥哥哪里不高兴，例如刚刚才被妈妈骂，或是学校发生不愉快的事，就拿身边可以出气的人当出气筒。"

姐姐突然变回了小时候，"不要以为小孩没有烦恼，我小时候最大的烦恼就是，什么都怕。还记得三年级的游泳课，更衣间脏得不得了，地上还有大便，我怕到晚上做噩梦哭醒，后来你帮我去跟慧铃老师说。她好好，就让女生在教室换泳衣"。

姐姐继续往青少年回忆。"你还记得 B 吗？当时我会故意做一些事，例如假装跟另一个男生很熟，看到男朋友嫉妒，会让我觉得很舒服。我现在才知道错了。当时我没安全感，又看不到别人的痛苦。那时候，我可能突然发现自己有控制别人的力量，就愈用愈偏了。"

　　其实啊，姐姐当时也觉得自己的行为哪里不对劲，有跑来问我，我也说了该说的意见，只是她当时还听不进去吧。

谁爱耳边风

姐姐问："我们小时候会在餐厅吵吗？"

妈妈和姐姐在餐厅吃饭，隔壁桌有小孩。妈妈说："不会。"

"为什么有些小孩会？小孩都知道某些场合不能吵，为什么还是继续吵。"妈妈说："因为这些小孩已经习惯把父母的话当耳边风。"

"为什么我们不会？"

"成功的要件有两个。"妈妈问姐姐英文。姐姐说："上次你说的是consistency和persistency。"

妈妈说："对，一贯性和持续性。它们也适用在教养上。只要父母有原则，而且持续地坚守这些原则，孩子就不会把父母的话当耳边风了。"但是，小小孩本来就不适合到餐厅吃饭。我不会等你们吵，当我发现你们有点坐不住时，会先同理孩子被固定不能乱走的不舒服感受，快一步带你们出去走走什么的。

例如孩子到公园玩会打人。不能打人，是父母的原则。如果打人，就必须回家。但很多情况是，今天打人要回家，明天打人不必回家。父母都有原则，但如果没有持续性呢，孩子就会想钻漏洞。把父母的话当耳边风，就是一种钻漏洞。因为钻漏洞不代表每次都会成功，把父母的话当耳边风，也不是每次都能成功。

妈妈问："现在你知道为什么你和弟弟，青少年不算，小时候，从来不把父母的话当耳边风吗？"

姐姐说："因为没有漏洞可钻。"

找妈妈也没用

妈妈问："你们小时候吵架，多半会来找我。有没有找我，我却没帮你们的时候？"

已经长大的姐姐，想了想，说："有。"

"真的？什么时候？"

"你还记得你买给我们一盒游戏，里面有七八种游戏吗？"记得。

"那天你跟爸爸出去。我跟弟弟玩里面其中一种，有个地方，弟弟说可以这样，我说不可以，然后我们就打电话给你。你在电话那头，"姐姐做出抱头痛苦状，"你好无奈，意思是你也没办法，就叫我们自己看说明书。"

"真的？"我满脸都是笑，听到孩子小时候的故事，我觉得好幸福。"结果呢？"

"我们就拿说明书出来研究。你知道那时候我才刚学汉字，根本认不得，我就胡乱跟弟弟说，我才是对的。"

"弟弟就相信你？"我正要帮弟弟打抱不平时，姐姐接着说："对啊。后来，那盘我还是输了。"姐姐先露出小学生般不好意思的表情，接着，我们同时大笑了起来。

更小的时候，他们五岁和三岁吧。每天晚饭后，我会进房间看看书，姐弟俩就在客厅玩，常常玩着玩着，姐姐就哭着进来了。不是抢东西，更不是打架，这些规矩在我们家，是一开始就说清楚的事，他们也不会犯。所以可能连吵架都不是，大约就是两人意见不合，弟弟不听姐姐的，姐姐气不过。

所以姐姐来跟妈妈大哭，我也没能帮什么忙。有时候只能等她哭湿了整张床（趴在床上哭，还会不时换干的地方继续哭），我再抱抱她。我不知道的戏码是，姐姐过一会儿出去客厅，会跟弟弟说："妈妈说，等一下会来处罚你。"

"真的？"十多年前的事，我还是好惊讶（和惊喜）。

姐姐说："对啊，弟弟就会有点怕。"

"他又没做错什么？"

"但是他太小了，很容易被骗。"

我突然发现一件事：父母面对手足纷争，处理得好不好，或许不能以当下情况来判别。二十年后，再把当时的故事搬出来说，如果大家都觉得，童年真是美好，我们做的就不算坏了。

最后一题。

很多手足在长大后，各奔东西。除了聚会吃饭，内心几乎没有交集。妈妈问："人生到此，弟弟对你而言，从前是什么？现在是什么？这题很大，你可以慢慢想。"

姐姐说："不用。答案都一样。"

"什么？"

"朋友。"

跋

不需要相亲相爱

相亲相爱，应该是夫妻间的目标。期望孩子有这种感情，太过伟大。手足关系最密切的时期，就是童年，过了之后，会愈来愈疏离，谁家不是这样呢？

不要被"疏离"二字吓着，有了自己的家和孩子后，忙都忙翻了，手足真能聚在一起的时间，又有多少呢？我们常说的"找朋友喝下午茶"，请问，有多少人会找手足喝下午茶？不是没有，比例上，比朋友少得多，不是吗？

当初我没有这么想，现在我想建议你：把每个孩子，当成独立的个体；他们总有一天要分开，过自己的生活。逢年过节聚聚，有些手足好多年都不见得可以聚在一起，不是吗？童年只有短短的几载，不求相亲相爱，只要能彼此公平对待，就很好了。

祈求家里的孩子能公平对待、互相尊重的同时，父母有先以身作则吗？

这个家里的大姐，没有继续升学，直接去当美发学徒。学徒除了供吃供住，还有薪水。为了帮忙家计，大姐的薪水都给了家里。多年后，姐姐成家了，回家要求父母把她当初的贡献"还"给她去付房屋头期款，结果闹得好像仇人。

"会不会是家里没钱帮她？"问题不在有没有钱，而在于当初你是用什么态度让孩子帮忙家计的。我知道很多上一代哥哥姐姐都是这样长大的。但是，养家，是父母的责任，不是孩子的。

我把同样的问题丢给我家姐姐，她说，如果是她，不会回头跟家里要钱，因为父母养孩子也没有求回报。但我却说，如果你回来要，我会想办法还给你。为什么？因为孩子没有养弟弟妹妹的责任和义务。如果那个姐姐当初也想跟弟弟妹妹一样继续读书呢？为什么我不能读书，还要帮忙家计，弟弟妹妹却不用。你孩子生这么多，却要我帮你养，公平吗？上一代对孩子的许多不公平，不代表我们还可以继续沿用。

对不起，我不会等大姐回来要钱，我会在弟弟妹妹都工作赚钱后，拉大家一起商量，怎么回报姐姐对家庭的贡献。当父母的态度是对的，通常孩子的也差不到哪里去。

手足感情的黄金时期，就是童年，之后能保持"君子之交淡如水"的关系，就很好了。有人问我有没有增加手足感情的方法。我很少特别做什么。"不做什么"，可能更重要。

例如故意把竞争关系加到手足之中，"你为什么不能像你哥哥一样有出息点"。很多手足间的竞争，甚至嫉妒，都是被父母"喂"大的，这时候，你期望孩子的关系能有多好呢。

我家姐姐弟弟的感情如何？弟弟一向很喜欢跟姐姐在一起，毋庸置疑。姐姐呢？一回，她在学校不顺利了一整天，心情整个荡到谷底，我听到她喃喃自语："回到家，跟弟弟聊一聊，就好多了。我只要有弟弟可以说话，什么坏心情都不怕了。"

他们感情好，是因为我特别做了什么吗？我不敢这么说。但很多上一代不该做的，我都尽量避免，倒是真的。人与人之间，天生个性投不投缘，也是因素。不投缘也没关系，童年多个玩伴，够了。

真要说培养感情，我觉得放到什么人际关系都一样：培养共同的嗜好和喜好。例如我家姐姐弟弟都爱看书看电影。例如朋友的两兄弟都爱上山下海冒险。孩子小的时候，我会多买一些游戏在家里（绝不是电玩），例如象棋、跳棋、拼图、大富翁（现在这类的东西多到三辈子都买不完）；当然，玩到吵起来也是正常的。等孩子大了点，我就经常带他们去旅行。

我算是常常带孩子长途旅行的吧，但现在回想，还是觉得，如果能再多一些旅行，会更好。

补记

现在他们大了，爱上爬山。是姐姐先开始的。规划路线，按地图、看指南针走；粮食、帐篷、求生用具全背在身上，爬到哪睡到哪；扎营前先要找到水源，生火煮饭；睡觉前先要把食物锁在"熊箱"，放到离帐篷二十米外的地方，以免熊要吃你的食物时，不小心发现你也可以吃。一开始，姐姐虽然怕，却只想一个人去。后来弟弟跟着去了一次。回来后，姐姐说："一辈子都有弟弟陪我爬山，我好高兴。"

图书在版编目(CIP)数据

父母对了，孩子才能相亲相爱 / 汪培珽著. —杭州：
浙江大学出版社，2020.6
ISBN 978-7-308-19620-8

Ⅰ.①父… Ⅱ.①汪… Ⅲ.①家庭教育 Ⅳ.①G78

中国版本图书馆CIP数据核字(2019)第220711号

父母对了，孩子才能相亲相爱

汪培珽　著

责任编辑　陈　杨　王雨吟
责任校对　牟杨茜
封面设计　徐筱逸
出版发行　浙江大学出版社
　　　　　（杭州市天目山路148号　邮政编码310007）
　　　　　（网址：http://www.zjupress.com）
排　　版　杭州兴邦电子印务有限公司
印　　刷　杭州杭新印务有限公司
开　　本　880mm×1230mm　1/32
印　　张　8.25
字　　数　157千
版 印 次　2020年6月第1版　2020年6月第1次印刷
书　　号　ISBN 978-7-308-19620-8
定　　价　48.00元